PWYTH

PWYTH

HAF LLEWELYN

Diolch i Meinir a staff y Lolfa
am y cyfle a'r cyngor da.

Argraffiad cyntaf: 2019

Clawr: Tanwen Haf

Rhif Llyfr Rhyngwladol: 978 1 78461 711 0

Dymuna'r cyhoeddwyr gydnabod cymorth ariannol
Cyngor Llyfrau Cymru

Cyhoeddwyd ac argraffwyd yng Nghymru
ar bapur o goedwigoedd cynaliadwy gan
Y Lolfa Cyf., Talybont, Ceredigion SY24 5HE
e-bost ylolfa@ylolfa.com
gwefan www.ylolfa.com
ffôn 01970 832 304
ffacs 01970 832 782

5 Ffridd Uchaf

ROEDD HEULWEN YN gorfodi ei hun i dawelu, i anadlu'n ddwfn, i symud yn ara deg. Dyna un rheswm pam y dechreuodd, hynny a'r ffaith fod ei thad yn mynd yn rhy hen a ffrwcslyd i fynd i'w canol. Ac wedi i'w thad farw, doedd dim rheswm dros gael eu gwared nhw, roedd ganddi ei chwsmeriaid, pawb eisiau potyn neu ddau i'w cadw'n iach trwy'r gaea'. Y gwenyn oedd ei therapi hithau hefyd. Gallai Heulwen fod yn llyncu Diazepam bob dydd, ond roedd gwisgo'r siwt, nôl y mygwr ac agor top y cwch yn gweithio llawn cystal, hyd yn hyn.

Yn y rhandir roedden nhw ganddi, a fu dim trafferth efo nhw yno, er fod yna ambell un o'r garddwrs newydd wedi rhyw led awgrymu nad oedden nhw'n hapus mai yno roedden nhw. Trio dweud bod gwthio'r fframiau adre mewn berfa'n ormod o straen i hen ddynes saith deg rwbath fel hi. Ond ofn i'w plant gael eu pigo oedden nhw o ddifri. Drws nesaf, yn 7 Ffridd Uchaf, roedd Robin, a byddai'n dod heibio i'w helpu os oedd angen.

Anadlodd yn dawel, a myfyrio ar ei hanadl – mewn, allan, mewn, allan. Y rhwyd o flaen ei hwyneb yn niwlo pethau, yn pylu'r byd o'i chwmpas rhyw fymryn bach, yn meddalu'r ymylon miniog. Fedrai hi ddim edrych i'r ochrau, dim ond yn syth yn ei blaen. Byddai hynny'n gwneud bywyd yn haws weithiau. Roedd trefn gan y gwenyn. Trefn arnyn nhw eu hunain. Lle i bopeth a phopeth yn ei le. Fel roedd pethau i fod.

Roedd aroglau mêl a mwg dros y gegin i gyd, ac ambell wenynen yn clecian yn erbyn gwydr y ffenestr. Roedden nhw'n flin, wrth gwrs, doedd hynny ddim ond yn deg, felly byddai Heulwen yn ystyried. Roedd rheswm ganddynt i fod yn bifish, a'r mêl y bu iddyn nhw fod mor ddiwyd yn ei hel trwy'r ha' wedi ei ddwyn.

Ond byddai Heulwen yn cadw'n dawel, yn agor y ffenestr a'u cymell nhw i fynd allan. Doedd hi ddim yn gofyn am bigiad. Cau'r ffenestr yn ei hôl wedyn yn reit sydyn rhag ofn i chwanag ddod i mewn. Gyda'r ffenestr ar gau, roedd y gegin yn fyglyd, gwres y stof yn uchel. Arni roedd llond sosban ddofn o ddŵr poeth, ac yn hwnnw y ddwy gyllell – y llafnau'n cynhesu'n barod. Llafnau poeth i dorri trwy'r crwybr ar y fframiau mêl – torri'r wyneb a gadael i'r mêl lifo allan. Wedi torri'r capins, rhaid rhoi'r fframiau yn y fuddai, yn gymesur. Trefn. Yna, troi'r handlen a gwrando ar y mêl yn tasgu allan, fel glaw mân ar do sinc; sŵn cysurlon, sŵn sy'n gwneud iddi feddwl y bydd popeth yn iawn rywsut, sŵn y mêl yn taro ar ochrau'r fuddai, cyn llifo i'r gwaelod.

Byddai'r mêl yn dod allan o'r celloedd taclus yn sydyn heddiw a hithau'n wres. Gwres fel hafau ers talwm, gwres hen ffasiwn. Peth od i'w ddweud – gwres hen ffasiwn. Ond gwres codi hiraeth oedd o, am fod yn ifanc eto, am wisgo ffrogiau tenau a sandalau cyn i'r corff grymu a'r traed droi'n gam a hyll. Gwres sy'n codi oddi ar y pafin, ac yn gwneud i'r tarmac grynu, a gwres sy'n gwneud i bobl ruthro i fynd â phowlenni allan i'r ardd gefn er mwyn i'r plant gael cogio bach eu bod nhw ar lan môr. Roedd Heulwen yn arfer gwneud 'run fath efo Huw, mynd â'r bath bach allan i'r ardd gefn a gadael iddo fynd i'r dŵr yn ei ddillad isa, a sblasio nes roedd o wedi oeri ac yn groen gŵydd drosto ac yn flin ac eisiau crio. Ei lapio fo wedyn yn y lliain a'i wisgo fo, ac yntau eisiau mynd yn ei ôl allan yn syth, a dyna'r rigmarôl o dynnu amdano fo a'i ailwisgo fo drosodd a drosodd, fel petai ganddi ddim byd gwell i'w wneud. A'i mam yn dweud ei bod hi'n ei ddifetha fo, ac yn galw'r holl beth yn hen lol wirion, a'i thad yn dweud, 'Gad iddi, hi 'di'i fam o, geith hi neud fel licith hi efo fo.'

Wedi meddwl, ella mai ei mam oedd yn iawn.

Byddai Robin yn dod draw toc, i'w helpu i godi'r fuddai i ben y stand haearn, iddi gael ei gwagio, neu byddai'r fframiau'n methu troi. Dim ond Robin fyddai'n dod i'w helpu efo'r fuddai – doedd o ddim yn poeni am y gwenyn. Fyddai o ddim yn fflapian ac ysgwyd ei ddwylo fel bydd ambell un arall pan ddaw 'na wenyn blin i fygwth. Dim ond eu hel nhw i ffwrdd yn ara deg, fel petai'n hel rhyw feddwl drwg o'r neilltu. Mi fydden nhw'n dychwelyd dro ar ôl tro, ond fyddai dim angen cynhyrfu, dim ond aros iddyn nhw fynd.

'Mi gath honna fi, Heulwen,' meddai Robin a chrafu'r colyn o'r croen efo'i ewin, crafu, nid gwasgu, rhag gwthio'r gwenwyn i mewn. 'Y bitsh iddi.'

Weithiau byddai Robin yn cymryd panad i aros i'r fuddai wagio. Y ddau ohonyn nhw'n gwylio'r mêl yn llifo i'r tanc, yn agor a chau'r tap wrth i'r mêl suddo trwy'r rhidyll. Y ddau yn eistedd wrth y stof yn chwys diferol, papur newydd hyd y llawr a diferion mêl yn gwneud i'r papur sticio yng nghoesau'r bwrdd, a'r geiriau'n glynu ar eu tafodau nhw.

'Fedri di fy helpu fi i dynnu'r fudda 'ma i lawr, Robin?'

Wedi i'r fuddai wagio, a'r mêl i gyd yn y tanc setlo, byddai angen gadael iddo am ddiwrnod neu ddau i waelodi. Setlo, fel y byddai meddyliau'n tawelu. Fyddai yna ddim byd arall i'w wneud, ar ôl mynd â'r fframiau gwag yn ôl i'r cwch, dim ond llenwi'r potiau a chyfri.

Ysgol Glan Morfa

DOEDD ROBIN DDIM eisiau gweld y gwyliau'n dod i ben chwaith. Er nad oedd o'n cael gwyliau fel yr athrawon, roedd ganddo waith i'w wneud trwy'r ha' fwy neu lai, ond roedd y lle'n llawer brafiach pan oedd yn wag ac yn ddistaw. Roedd o wedi cipio amser i ffwrdd i wneud chydig o waith iddo fo'i hun, gorffen codi'r wal roedd o wedi addo ei gwneud i'w daid, twtio rhyw gymaint ar y slabs concrit yn y tu blaen, eu codi a'u hailosod yn lefel a rhoi mortar tywodlyd rhyngddyn nhw. Dim byd o bwys, dim ond jobsys bach dydd i ddydd, a jobsys cadw'i daid rhag grwnian.

Cadwodd y peiriant polisio yn ôl yn y stordy. Roedd y neuadd wedi ei gorffen, y llawr *parquet* yn sglein, er fod y darn wrth y drysau gwydr yn ei boeni braidd, y lleithder yn gwneud i'r darnau pren godi. Doedd o ddim wedi bod â'r polisiwr yn fan'no, felly roedd y darn hwnnw'n dal yn bŵl. Byddai'n rhaid gwneud rhywbeth ynghylch y lleithder, mae'n debyg. Edrychodd i fyny eto ar y ffenestri. Roedd y Corff Llywodraethol wedi pasio nad oedd digon o arian yn y coffrau i wneud dim ond patsio. Cododd Robin ei ysgwyddau mewn ystum 'dyna fo felly', waeth iddo fo heb â phoeni am y darnau *parquet* oedd yn rhydd. Dim ond eu gludo i lawr orau gallai. Aeth am y storfa i nôl ei dun bwyd, edrychodd yn ei ôl ar lawr y neuadd a symud er mwyn i'r darn gloyw'n unig o'r llawr daro ei lygaid. Doedd o ddim eisiau gweld y darn pŵl a'r darnau pren anwastad wrth y drysau gwydr. Gallai osgoi pethau nad oedd yn ei blesio, pe bai raid.

'Gawsoch *chi* gyfle am wyliau, Robin? Fuoch chi i ffwrdd yn dringo – lle'r oeddech chi am fynd hefyd?'

Arhosodd Mr ap Robert am funud, ei ben ar un ochr, ei ddwylo'n llawn o bapurau, a'i siaced mor llychlyd â'r pwnc roedd o'n ei ddysgu. Ond chwarae teg, roedd yn ei ôl yn ceisio rhoi trefn ar bethau cyn bod yn rhaid iddo fod yn ei ôl. Doedd yna ddim llawer ohonyn nhw'n gwneud hynny, a'r rhan fwyaf yn llusgo yn eu holau ar ddiwrnod cynta'r tymor, yn flin a thruenus.

Cofiai sut y byddai'n eistedd ar y llawr ucha, yng ngwersi hanes Mr ap Robert, yn gwrando ar y geiriau'n llifo drosto – *thetreatyofversailles*. Ar y pryd doedd o ddim wedi deall mai enwau llefydd oedd *alsaceandlorraine*. Doedd gwersi Mr ap Robert ddim wedi gadael argraff arno, er nad oedd ganddo ddim yn erbyn yr athro chwaith.

'Do, diolch. Wel, rhyw stwna fues i, a deud y gwir. A na, fues i ddim i ffwrdd. Rhyw ddiwrnod ella ca i fynd, Mr ap Robert.'

Nodiodd Mr ap Robert, ac edrych yn ddwys. Edrychai fel petai am ddweud rhywbeth arall, ond trodd a llithro draw am ben pella'r neuadd, ei esgidiau meddal yn gadael olion llwyd ar hyd y llawr. Aeth Robin allan i fwyta'i frechdan. Fyddai ddim yn aros yno'n hir heddiw, dim ond peintio sgyrtin y labordy cemeg a rhoi polisiad go lew i'r meinciau.

Clodd ddrws y stordy. Roedd yn rhaid mynd i fyny at ei daid Aneirin i Degfan, un o'r tai uwchben y môr. Byddai'n picio at y cigydd yn gyntaf, ac wedyn i Siop y Groes. Hanner pwys o gig moch, a phorc pei, yr un peth ag arfer, Rizla, baco, paced o Garibaldis i'w cael efo paned, a'r *Daily Post*. Dyna i gyd. Doedd dim bwys gan Aneirin pryd fyddai'r papur yn cyrraedd, dim ond iddo ddod cyn nos. Doedd fawr o wahaniaeth, meddai, pryd y byddai'n darllen am y newyddion, gan na fedra fo wneud dim ynghylch hynny oll, beth bynnag, felly doedd waeth iddo glywed am bethau yn hwyr ddim. A chan na fyddai'n gweld neb o fore gwyn tan nos, doedd o ddim haws â chael y newydd o flaen neb arall.

Ond roedd ei daid yn gwybod bod Sel yn ei ôl. Doedd hynny ddim yn y Daily Post, ei mai honno oedd stori'r diwrnod go iawn, yn ôl Aneirin. Roedd o'n gwybod, am ei fod yn gallu gweld y bysys yn aros o'r lle'r oedd o'n eistedd wrth y ffenestr yn y rŵm ffrynt.

Roedd Aneirin wedi ei nabod o, wedi nabod ei ystum o.

Ond sut roedd o'n siŵr mai Sel oedd o, roedd Robin wedi ei holi. Roedd Aneirin wedi troi yn ei gadair, ei lygaid yn ffyrnig.

'Wrth gwrs mai fo oedd o, mi faswn i'n nabod yr uffarn yn rhwla, yr ystum yna sydd ganddo. Fo ydi o - saff i ti.'

A gwyddai Aneirin mai yn ei ôl y byddai Sel yn dod, p'un bynnag, yn y diwedd, a chan fod cymaint o amser wedi pasio bellach, pendronodd Aneirin am funud, i drio meddwl. Yn agos at ddeugain mlynedd wedi pasio. Fyddai neb bron yn ei nabod, dim ond Heulwen a fynta, ac un neu ddau arall â'u golwg nhw'n pylu, a'u synhwyrau'n dechrau breuo hyd yr ymylon.

Tegfan

'WELEST TI HEULWEN wythnos yma, Robin?'
'Do, fues i'n ei helpu hi efo'r mêl. Mi fydd ganddi ddigon 'leni, medda hi, blwyddyn dda.'

'Bydd, debyg iawn, ond dwn i ddim i be mae hi'n mynd i draffarth chwaith. Mae hitha'n mynd i oed i halio'r fframiau yna adra a bob dim.'

'Mae hi wrth ei bodd, Taid. Mae hi'n cadw'n iach, ac mae hi'n medru gneud yn iawn.'

'Penderfynol ydi hi, 'de, a gneud trafferth i bobol.'

'Gneud trafferth i bwy? Hi ei hun sydd wrthi efo'r mêl, dydi'n drafferth i neb arall.'

'Gneud trafferth i ti ma hi, yndê.'

Gwenodd Robin, rhoddodd y Garibaldis ar y bwrdd, aeth â'r cig moch a'r porc pei i'r oergell, a chymryd cip ar beth arall oedd yno. Gwaelod potel lefrith, marjarîn, hanner tun o gawl madarch, dau domato, a mymryn o jeli a *fruit cocktail* mewn desgil dydd Sul.

'Sgennoch chi ddim llawar o lefrith chwaith, Taid. Pam na fasach chi 'di deud? Rhaid i chi sgwennu fo ar y rhestr, i ofyn am beint arall.'

'Ty'd â pheth efo chdi o'r siop fory, 'nei di? Dydi'r nyrs newydd 'ma'n dda i ddim byd. 'Di o'm yn dallt dim byd. Ddeuda i wrtho fo.'

'Dim nyrs ydi o, Taid. Gofalwr ydi o. Rhowch o ar bapur iddo fo.'

'Ty'd ti â llefrith i mi fory 'nei di, was? Llai o drafferth.'

Roedd angen amynedd weithiau. Aeth Robin yn ei ôl at yr hen ŵr, a chodi ei lais, ond roedd o'n gwybod bod Aneirin wedi clywed yn iawn ddoe, pan ddywedodd gyntaf.

'Ond dydw i ddim yma fory, nadw. Dwi wedi deud, Taid, fydda i ddim o gwmpas fory, dwi'n mynd ffwrdd.'

'O.'

Plygodd yr hen ŵr y papur a'i wthio rhyngddo a braich y gadair, estynnodd am ei ffon a chodi.

'Smôc?'

Arhosodd y ddau ar waelod y grisiau i'r ardd. Roedd Robin wedi gosod dau ganllaw o bobtu'r stepiau i'w daid fedru mynd allan am smôc. Pwysodd yr hen ŵr yn erbyn y canllaw a throi ei olwg at y wal. Taniodd.

'Roist ti fortar yn ei chrombil hi?'

'Naddo.'

'Mi ddyliat ti fod wedi rhoi peth, sti, i'w sadio hi. Mae 'na ryw hen blant yn siŵr o ddod i'w dringo hi, a bylchu wnaiff hi yn y pen draw, gei di weld, Robin.'

'Pa blant, Taid?'

Gadawodd ei daid yno ar waelod y grisiau, yn chwilio am ei fatsys ym mhoced frest ei gôt, i aildanio'r smôc. Rhoddodd bwniad i'r cerrig clo, dim ond i'w argyhoeddi ei hun na fyddai'r wal yn symud i unman. Fo oedd y plentyn diwethaf i fod yma.

'Pobol drws nesa fydd yn ffysian, gei di weld.'

'Ond does gan y ddynas drws nesa ddim plant, nag oes? Dydi plant Neil byth yn dod yn agos, na'dyn?'

'Mi ddaethon Dolig.'

Pwysodd Robin ei ên ar un o'r cerrig clo – roedd o angen mynd o olwg yr hen ddyn am chydig.

'Ma hynny dri ne bedwar Dolig yn ôl, Taid, a mi fuo hi'n uffarn o ffrae beth bynnag a go brin dôn nhw'n ôl o gwbwl. Ma nhw'n byw efo'u mam yn Llunden, neu rwla pell. Faswn i ddim yn dod 'nôl at Neil beth bynnag, fo a'i blydi geraniums. A ph'run bynnag, mae'r plant yn eu harddegau bellach, tydyn, a ddim yn debygol o fynd i ddringo dim byd ond walia tu mewn.'

'Deud ti.'

Llusgodd yr hen ŵr ei hun yn ôl i fyny'r grisiau am y gegin.

'Dim geraniums sy ganddo fo,' meddai heb droi'n ôl.

Cododd Robin ei ben o'i ddwylo. Oddi yno gallai edrych i lawr dros y dref i un cyfeiriad a draw dros y bae i'r cyfeiriad arall. Trodd oddi wrth yr olygfa brafiaf ac edrych dros y dref a'r strydoedd blêr oedd wedi colli hynny o hud fu ganddyn nhw erioed. Syllodd ar y bloc newydd o dai gofal, yn taenu cysgod solat dros y tro yn yr afon. Y rhain gafodd wobr gan ryw sefydliad na fedrai Robin gofio, un o'r gwobrau hynny roedd rhyw banel mewn swyddfa ym mhen arall y sir wedi ei rhoi, am fod yn rhaid ffendio rhywun i'w hennill, mae'n debyg. Gwobr am 'adeilad esthetig, oedd yn gweddu i'w amgylchedd'. Rhyw eiriau fel'na oedd yn y papur, os cofiai'n iawn.

Sythodd Robin, roedd yn rhaid iddo beidio mynd at griw'r Bedol mor aml, roedd eu sinigiaeth yn dechrau treiddio i'w grombil, fel y mortar nad oedd yn y wal, ac yn ei bwyso i lawr.

'Bicia i fyny ben bora fory efo llaeth i chi, Taid, ond fydda i 'di adael o ar step ffrynt achos dwi'n cychwyn yn fore, a fyddwch chi ddim wedi codi.'

'Fydda i 'di codi, sti.'

'Dau beint, iawn?'

Brysiodd Robin i'r cyntedd bach, ac allan, cyn i'r hen ŵr fedru ei ddilyn.

'Cofia ddeud wrth Heulwen fod Sel yn ei ôl.'

Caeodd Robin y drws y tu ôl iddo. Pwy bynnag oedd Sel, doedd Robin ddim yn meddwl y byddai Heulwen angen gwybod ei hanes.

5 Ffridd Uchaf

R OEDD HEULWEN WEDI cael diwrnod o haul i glirio'r offer tynnu mêl. Er iddi sgwrio'r lle'n iawn roedd ei dillad hi'n dal i gydio weithiau ar ymyl y bwrdd wrth iddi basio oherwydd bod diferyn o'r mêl ar ôl yn glynu yn y pren. Roedd hi hefyd wedi cadw'r dillad gwynion. Fyddai dim rhaid mynd at y gwenyn eto am sbel. Fyddai hi ddim yn hel mêl grug, dim ond ei adael i'r gwenyn. Fe gaen nhw gario hwnnw'n fwyd at y gaea', os byddai'n dod yn ha' bach Mihangel o gwbwl. Roedden nhw wedi rhoi digon iddi hi eleni. Weithiau byddai'n meddwl amdanynt yn y cwch, yn drefnus, popeth yn ei le. Pob un yn ddiogel. Ond weithiau byddai'n dychmygu gormod, dychmygu fod yna barasit wedi treiddio i'r fframiau, yn sugno maeth o'r larfa, yn gwanio'r gwenyn yn raddol, nes fyddai yna ddim ar ôl ond llwch. Pethau felly oedd ofnau.

Rhoddodd Heulwen jar yn ei phoced, a chau drws y tŷ ar ei hôl. Roedd hi'n bnawn braf. Yn 11 Ffridd Uchaf, roedd teulu newydd wrthi'n twtio'r ardd – braf arnyn nhw, y ddau'n brysur yn gweithio efo'i gilydd fel'na, meddyliodd. Un yn torri a'r llall yn cario i'r domen. Y ddau'n sgwrsio'n hamddenol, yn trafod beth i'w blannu ac yn lle. Arhosodd Heulwen cyn cyrraedd yn rhy agos atynt, roedd hi'n gobeithio na fydden nhw'n tynnu'r gwely blodau, na thwtio gormod. Roedd golwg felly arno fo braidd. Dyn taclus. Dyn lawnt sgwâr, ffens fach derfyn wen a tharmac i'r car.

'Diwrnod braf!' meddai'r dyn gan ddangos gwên o ddannedd gwynion.

Roedd o am iddi aros i sgwrsio, ond roedd Heulwen yn gwybod beth fyddai ganddo. Holi am y gymdeithas a beth fyddai'n digwydd yno dros y gaea', a sut y medrai o wirfoddoli efo rhywbeth tybed? Wedyn fe fyddai'n sôn y byddai ei wraig o'n gallu codi pres at yr ysgol feithrin, efallai, neu'r parc, neu'r clwb chwaraeon. Ond doedd Heulwen ddim am roi cyfle iddo. Doedd ganddi ddim awydd sgwrs felly heddiw.

Sylwodd Heulwen ar y wraig. Doedd hi ddim yn gwenu, dim ond codi'r brigau a'r chwyn o'r gwely blodau, ac yn troi i'w taflu ar y domen, y pigau rhosod wedi torri trwy frethyn ei chrys. Brysiodd Heulwen yn ei blaen.

'I Ieulwen, ty'd i mewn.'

Roedd yna ddau beint o lefrith ar y stepan drws, a hwnnw wedi cynhesu yn yr haul. Roedd Heulwen wedi cyrraedd drws y rŵm ffrynt cyn i Aneirin ddod i'w chyfarfod.

Fe ddylai fynd heibio'n amlach, mae'n debyg, efo'r olwg flêr oedd ar y lle ers i Magwen fynd, hen fatia ar hyd llawr y cyntedd, a'r rheiny angen eu lluchio. Roedd rhywun yno efo fo, dyn diarth i Heulwen.

'Llefrith ar y stepan ers rhyw dro, Aneirin,' meddai, a chael trafferth i gael lle i roi'r botel a jar o fêl i lawr ar y bwrdd yng nghanol y cwpanau, paced hanner gwag o Garibaldis, yr ashtre, papur ddoe a photeli sôs.

'This is Neil. He lives next door, Heulwen,' meddai Aneirin.

Roedd yn gas gan Heulwen bobl yn gwneud hynna. Siarad efo hi yn Saesneg er mwyn i rywun arall wybod beth ddywedwyd. Bod yn foesgar roedden nhw'n ei alw fo ond efo hi roedd o'n siarad – wastio geiriau Saenseg arni hi. Fe gododd y dyn dieithr.

'Nice to see you again, Heulwen,' meddai, wedyn troi at Aneirin. 'Give us a shout if there's anything you need, won't you, mate?'

Ac i ffwrdd â fo trwy'r drws cefn. Roedd Heulwen wedi ei weld o o'r blaen, roedd hi'n siŵr mai hwn oedd y dyn ddaeth i'r cyfarfod yn y llyfrgell i drafod beth ddyliai gael ei wneud ynghylch dail yn y draeniau pan lifodd y dŵr i mewn i'r gerddi yn y rhandir. Mae'n rhaid fod ganddo fo ardd yn y rhandir uchaf, oherwydd doedd Heulwen ddim yn mynd i'r fan honno. Roedd o wedi dweud y byddai'n ffonio'r cyngor, bryd hynny, ond wnaeth o ddim. Dyn dweud ac nid gwneud. Robin fuodd wrthi efo rhaw wedyn yn agor y ffos.

'Hen foi iawn, sti, cadw un llygad arna i. Mêl 'leni 'di hwnna, Heulwen?'

'Ia.'

Nodiodd, a chodi ymyl ei gap, felly roedd y mêl yn plesio. Sylwodd Heulwen nad oedd fawr mwy o sglein ar bethau yn y gegin chwaith. Roedd pethau Magwen yn dal yno, ei ffedog y tu ôl i'r drws a'r llyfrau coginio ar y silff, hen sbectol iddi ar ymyl y bwrdd.

'Un dda ydi'r sbectol, Heulwen,' wrth ei gweld yn edrych arni. 'Dwi'n gweld yn tsiampion efo honna, sti. I be a' i i wario ar sbectol a honna'n gneud y tro?'

'Ia.'

Teimlai Heulwen y dylai gynnig mynd ati i glirio dipyn, ond nid ei lle hi oedd gwneud hynny, debyg iawn. Waeth befo, meddyliodd, doedd dim isio bod yn hen drwyn, waeth befo am chydig o lanast. Wrth gwrs roedd hi'n deall, roedd hi'n cofio ar ôl i Huw adael, ac wedi iddi glirio ar ei ôl – cael pwl ofnadwy o hiraeth pan sylweddolodd nad oedd yna neb ar ôl wedyn i flerio'r tŷ, neu symud pethau o un lle i'r llall.

'Ddeudodd Robin wrthat ti fod Sel yn ei ôl?'

'Naddo. Dwi'm wedi gweld Robin heddiw.'

'Mae Sel yn ei ôl, sti,' meddai Aneirin wedyn.

'Sel?'

'Ia...'

'Ydi o, Aneirin?'

Edrychodd Aneirin arni'n sydyn, ei lygaid yn culhau. Doedd hon eto ddim yn cymryd ei eiriau o ddifri.

'Ydi, mi gweles i o efo'n llygid fy hun, Heulwen. A ph'run bynnag, rown i'n gwybod yn iawn mai yn ei ôl y bydda fo'n dŵad yn y pen draw,' meddai wedyn, a chydio yn y jar mêl fel petai am ei roi yn ôl iddi.

Doedd Heulwen ddim yn siŵr beth i'w ddweud wedyn. Cododd Aneirin yn ara deg, ac aeth am y gegin gefn.

'Wel, ia, mae yna flynyddoedd, does? Biti iddo ddod 'nôl i Lan Morfa o gwbwl, yndê?' mentrodd Heulwen. Roedd Robin wedi ei rhybuddio bod yr hen ŵr yn dechrau ffwndro.

Trodd Aneirin yn ôl ati fel petai wedi cofio rhywbeth. Edrychodd arni'n ffeind, ei ben ar un ochr.

'Duwcs, paid â chymryd atat, Heulwen fach, does yna neb ar ôl hyd y fan yma sy'n cofio dim o'u hanes nhw. Rhyfadd pa mor fuan mae pobol yn anghofio am bethau, tydi? Mi fedar trychineb fawr ddigwydd, a fydd neb yn cofio dim am y peth mewn chydig flynyddoedd. Fel rhyfal 'de, fasa neb yn cofio dim oni bai am y bloda coch plastig yna. Dwi'n gwybod yn iawn sut mae petha, dydw Heulwen, pan golles i 'mrawd ienga, pawb wedi anghofio am y peth, sti, yn syth bìn. Cario mlaen efo bywyd, meddan nhw, dyna sy raid i ni ei wneud... hen gythral drwg oedd o p'run bynnag.'

'Paid â deud hynna, Aneirin, does yna'r un ohonan ni'n ddrwg i gyd.'

'Ia, Sel dwi'n feddwl, 'de. Hen gythral drwg oedd o.'

'Pryd farwodd dy frawd, Aneirin? Dwi ddim yn ei gofio fo.'

'Nag wyt siŵr, fasat ti ddim wedi dy eni. Hogyn bach oedd o, cael rhyw hen lychedan, sti, fel bydd plant. Ond dwi'n ei gofio fo, tydw? 'Mrawd bach i oedd o, yndê, dydi ddim mor hawdd i bawb anghofio nach'di, Heulwen?'

Tawelodd yr hen ŵr am funud, ar goll yn ei feddyliau.

'Ond dyna fo, hidia befo am Sel,' ei lais yn tyneru, 'dydi o'n ddim byd ond hen ddyn musgrell erbyn hyn, fel finna.'

Roedd yn difaru bellach iddo ddechrau sôn o gwbwl am Sel, ond wedyn, fe ddylai pobl gael gwybod.

Gwenodd Heulwen a chodi, doedd hi ddim am aros wedyn. Roedd yna hen deimlad wedi dod drosti, yn bygwth ei mygu. Brysiodd yn ei hôl am adre, heb godi ei golygon, doedd hi ddim awydd sgwrs efo neb, ac er fod y diwrnod yn felyn braf. Doedd ganddi ddim eisiau gwneud dim ond cau'r drws ffrynt ar ei hôl a swatio.

Y Bedol

'MAE CRAIG AM helpu efo'r Juniors, cychwyn wythnos nesa.'

Croesodd Robin at y bar. Roedd Bleddyn a Mel wedi cyrraedd o'i flaen ac wrthi'n rhoi'r byd yn ei le yn barod. Bleddyn a'i symudiadau araf, pwyllog, a Mel wedyn a'i drwyn ym mhob busnes, y ddau fel Robin wedi dewis aros yno yng Nglan Morfa, dim ond y tri ohonyn nhw o'r criw a gychwynnodd gyda'i gilydd yn yr ysgol uwchradd. Gallai Bleddyn fod wedi mynd yn ei flaen i ble bynnag y byddai ei draed wedi ei gario – gallai fod yn athro, yn athro prifysgol, yn hanesydd neu'n archeolegydd pe byddai wedi dymuno hynny. Ond crafu tir efo Komatsu fu dewis Bleddyn, yn hytrach nag efo trywel fechan gain. A Mel wedyn, roedd bywydau pobl Glan Morfa wedi dal yn ei ddychymyg, fel nad oedd wedi gweld angen gadael i chwilio dim am fwy o ddifyrrwch.

Rhoddodd Robin beint i mewn i'r ddau arall, talu a chodi ei wydr cyn gwasgu heibio'r gornel i gymryd y fainc wrth y ffenestr.

'Wyt ti'n ei nabod o, Robin?' gofynnodd Mel.

'Pwy?'

'Craig Parry.'

Roedd rhywbeth yn digwydd ar y stryd gul gyferbyn â'r Bedol. Roedd car wedi ceisio dod i mewn i'r ffordd ac wedi bachu yn yr arwydd oedd yn dweud mai honno oedd y Stryd

Fawr. Ymgasglodd criw bach o bobl o amgylch y car, gan gynnwys cwpwl ifanc a babi mewn pram, y ddau'n matsio yn eu trowsusau jogio, er nad oedd dim siâp medru rhedeg i nunlla ar yr un o'r ddau, sylwodd Robin. Roedd Mrs Jaffeth wedi aros hefyd, yn sefyll yno ar ochr y pafin, yn dal a heglog fel rhyw grëyr ansicr, ei symudiadau'n herciog a'r bag siopa yn cael ei symud yn ôl a blaen o un llaw i'r llall. Daeth y ferch yn y trowsus jogio rownd at ddrws y car, a dweud rhywbeth wrth y gyrrwr, ei phen ar un ochr. Cymerodd y bachgen handlenni'r pram a symud yn ei flaen o'r ffordd. Roedd y babi wedi poeri ei ddymi o'i geg ac yn dechrau chwifio ei freichiau. Roedd storm ar y ffordd.

Roedd y car yn newydd, yn sglein i gyd. Yna agorodd drws y gyrrwr a daeth gwraig eiddil allan i gymryd golwg ar y difrod, ei chôt laes yn cau amdani, yn ei chuddio bron. Estynnodd merch y trowsus jogio ei braich allan, mewn ystum o gydymdeimlad. Gwyliodd Robin hi. Chwarae teg, meddyliodd, roedd hi'n amlwg am geisio helpu, ond doedd y llall ddim fel petai am dderbyn dim, yn gwrthod edrych i'w chyfeiriad, yn troi ei chefn arni, yn plygu o flaen y bymper yn rhwbio'r tolc fel petai'n meddwl y gallai ei rwbio oddi yno fel llun pensil ar bapur. Roedd rhywbeth yn blentynnaidd yn ei symudiadau. Anwybyddodd y ferch yn y dillad jogio, a chododd honno ei dwylo mewn ystum 'dyna ni felly', a mynd yn ei blaen ar ôl y pram.

Sylwodd Robin ar symudiadau sydyn y wraig dan bwysau'r gôt. Ei meddwl yn ceisio gwneud synnwyr o'r hyn oedd newydd ddigwydd. Gwyliodd y dwylo'n symud oddi wrth ei thalcen i blycio ymyl ei llewys. Gwyliodd ei hysgwyddau'n crymu, fel petai rhyw linyn anweledig a fu'n ei chynnal wedi gollwng yn sydyn. Yn yr ychydig funudau ers iddi ddod allan o'r car, roedd yn crebachu, yn cau i mewn arni ei hun rywsut.

Sylwodd Robin ar y gwallt tywyll wedi ei dynnu'n dynn ar ei chorun, ond roedd rhywbeth am ei hwyneb yn gwneud iddo fod eisiau dal i'w gwylio. Wyneb heb fod yn dlws, ac eto roedd rhywbeth amdano, wyneb agored, y croen gwelw a'r brychni, bron yn gwneud iddi ymddangos fel rhith, y llygaid mawr syn a'r aeliau trwm. Cododd y wraig ei phen yn sydyn a gweld Robin yn syllu arni. Cododd yr hwd dros ei hwyneb. Trodd Robin o'i ffenestr Teimlai iddo fod yn dyst i rywbeth na ddylai fod wedi ei weld, yr olwg yna ar ei hwyneb – er na fedrai ddehongli'r ystum yn iawn chwaith. Oedd o'n banig, neu'n dymer sydyn, yn ddifaru, yn herio?

Daeth teimlad o chwithdod drosto, wedi ei ddal fel yna. Symudodd Mrs Jaffeth yn ei blaen hefyd, y bag siopa'n pendilio wrth ei hochr, nes gadael y ferch i ddringo'n ôl i mewn i'r car. Trwy'r windsgrin gallai Robin weld siâp rhywun arall; plentyn efallai?

'Y boi newydd yna sydd wedi dod i fyw i un o dai Ffridd Uchaf,' meddai Mel wedyn gan droi i edrych trwy'r ffenestr ar y car. 'Craig ydi'i enw fo. Iesu, hwnna ydi o, ar y gair.'

'Dynes sy'n y car.' Ochneidiodd Robin. Pam fod yn rhaid i Mel dynnu sylw pawb at y peth? 'Dim ond wedi bachu bympar y car yn y sein ffordd ma hi.'

Sgwariodd Robin yn ei sedd, fel bod ei gefn yn erbyn y ffenestr.

'Ia, wel, nabod y car wnes i. Dwi wedi ei weld o yn y car yna, beth bynnag, felly mae'n rhaid fod honna'n wraig neu'n bartnar iddo fo neu rwbath. Mae 'na rywun yn y sêt ffrynt, oes? Hogyn? Ma gan y Craig 'ma fab – mi ddaw o â fo efo fo i'r pêl-droed, dyna ddeudodd o.'

'Iawn, 'de.'

Roedd Robin angen peint, a chlydwch syml bar y Bedol. Doedd o ddim am i betheuach y stryd y tu allan sleifio i mewn i'r fan honno. A doedd o ddim eisiau sôn mwy am yr olygfa chwaith, na meddwl mwy am y wraig a'r wyneb gwelw.

'Fo sydd am gymryd y Juniors tymor yma. Edrych yn foi iawn, mi ddoth i bwyllgor y clwb pêl-droed noson o'r blaen. Rhyfadd na fasat ti'n ei nabod o, Robin. Athro ydi o.' Eisteddodd Mel yn ei ôl. 'Ma hi 'di gyrru yn ei blaen rŵan be bynnag, dim llawar o ddamej, ma'n rhaid. Wedi arfer trenio clybiau ieuenctid mae'n debyg, y boi Craig yma, lle bynnag oedd o cyn dod i fan hyn.'

'Bob lwc iddo fo.' Cododd Bleddyn a throi am y bar.

Chwarae teg i'r dyn, meddyliodd Bleddyn, yn trio cael trefn ar y tîm dan ddeuddeg. Diawliad bach di-ddeud oedden nhw, a'u rhieni nhw'n ddim help, yn sefyll ar y lein yn rhegi, ffraeo a thaeru ar y reff, ac yn chwerthin wedyn pan oedd eu plant nhw'n gwneud 'run fath, dim ond i yrru ffwrdd ar ôl y gêm, yn eu ceir, eu hwynebau'n flin, am fod y plant yn paffio yn y cefn.

'Mae yna beint i mewn i ti a Mel,' meddai Eiri. 'Ddo i â nhw draw.'

Nodiodd Bleddyn yn ddiolchgar, gan gymryd arno astudio'r mat cwrw newydd ar y bar.

'Ti awydd newid bach, Bleddyn?' Arhosodd Eiri, cyn ychwanegu, 'Cwrw newydd, cwrw lleol?'

'Na, 'run peth ag arfer, diolch ti.'

Brysiodd Bleddyn yn ei ôl i'w sêt yn ddiolchgar. Doedd o byth yn teimlo'n gyffyrddus pan oedd Eiri y tu ôl i'r bar. Roedd o'n amau ei bod hi'n ei weld yn greadur rhyfedd, yn chwerthin ar ei ben.

'Lle fuest ti heddiw, Robin? Gweld dy fod ti wedi cychwyn ben bora?' Trodd Mel ei sylw yn ei ôl at far y Bedol.

'I fyny at y bwlch bore 'ma, cychwyn o'r hen farics yna, ac ar draws y topia a dod lawr at yr hen ffatri.'

'Welest ti rywun ar dy ffordd?'

'Na, dim ond bwch gafr. Sa neb yn mynd ffor'na, nag oes, pawb isio deud eu bod nhw wedi dringo'r Wyddfa, diolch i Dduw. Cadw'r lle'n wag i fi felly.'

'Oes 'na rywbeth o'r Lancaster 'na ar ôl bellach, d'wa'?' Cododd Bleddyn ei ben o'i beint.

'Oes, sti, ambell ddarn ar ôl. Diawl o le anial 'fyd.' Chwiliodd Robin trwy ei bocedi, a tharo'r darn o fetel rhydlyd ar y bwrdd, gwthiodd y darn bach di-nod draw i gyfeiriad Bleddyn.

'Be ddoth o'r peilot, Bleddyn?'

Cododd Bleddyn y darn a'i astudio.

'Evans, David Evans oedd o. Boi o Awstralia, dwi'n meddwl. Ddoth 'na neb o fan'na'n fyw, sti, saith ohonyn nhw. Mae 'na ddau ar ôl yna rwla, dim ond pump corff ddoth 'nôl i lawr.'

'Diawledig.'

'Be ddigwyddodd 'ta, faint yn ôl ddoth hi i lawr, Bleddyn?' Symudodd Mel ei gadair yn nes. 'Dyna'r cynta glywes i am y peth. Oes yna arwydd yna, cofeb neu rywbeth?'

'Na, dim byd, ond mae 'na ryw bobol awyrenna'n mynd yno weithiau, dwi'n meddwl, a gadael rhyw nialwch yno, 'de.'

Tawelodd Robin. Roedd o wedi mwynhau'r daith y bore hwnnw. Roedd wedi cael llonydd, y llonydd hwnnw nad oedd ar gael dim ond ar fynydd. Wrth ddringo roedd wedi dod at yr olion – awyren Lancaster, a'i chorff blinedig wedi dechrau datgymalu yn yr awyr, rhaflo fel hen frethyn, y darnau'n chwalu dros y grug a'r rhedyn ac yn taenu'n rhwd dros y creigiau.

Neb ond yntau a'r bwncathod yn hofran ar yr awel, a'r rheiny'n chwilio'r tyfiant am rywbeth a fyddai'n dal eu llygaid. Yn y ceunant roedd y llwynogod ifanc bellach wedi mynd eu ffordd eu hunain, wedi gadael eu mamau. Byddai'n rhaid iddynt fendio drostyn eu hunain trwy'r gaea', chwilio am ddaearoedd newydd.

Synhwyrodd Robin fod sawl llygad yn ei wylio'r bore hwnnw, wrth iddo gamu ar hyd y llwybrau'n uchel uwchben y cwm, nes iddo gyrraedd drosodd i ochr arall y mynydd. O'i flaen roedd y ffordd fawr yn nadreddu, y llyn yn sglein a hyd yn oed adeiladau blêr y ffatri yn ychwanegu at yr olygfa. Roedd o wedi gwneud adduned fod yn rhaid iddo fynd i grwydro'n amlach, chwilio am lwybrau newydd, gadael strydoedd y dref ar ei ôl. Rhyw ddiwrnod fe âi ar grwydr ymhellach, dyna'i freuddwyd beth bynnag, gadael pob helynt a mynd i grwydro am fisoedd, ymhell bell o fan hyn. Nepal efallai.

'Reit, rhaid i mi ei throi hi.'

Cododd yn sydyn, rhoi clec i'w beint ac allan i'r Stryd Fawr. Roedd y tywydd yn parhau'n fwyn. Mi ddylai fynd i fyny at Aneirin, ond pan gyraheddodd ben y stryd, cymerodd y fforch i'r chwith am Ffridd Uchaf. Siawns na fedrai ei daid wneud hebddo am un diwrnod.

7 Ffridd Uchaf

ROEDD Y CAR yn y dreif yn y stryd uchaf, bron gyferbyn â ffenestr ei gegin. Edrychodd Robin arno – car rhy fawr i ddreif fechan: byddai rhywun wedi ei fachu yn hwyr neu'n hwyrach, beth bynnag. Biti mai hi oedd wedi gwneud, a hynny yng ngolwg pawb ar y Stryd Fawr. Teimlodd Robin dros y wraig, er wyddai o ddim pam chwaith, doedd yna ddim golwg glên arni. Efallai nad oedd hi eisiau symud yma i Lan Morfa, wedi gorfod dilyn ei gŵr yma, a hynny o dref fwy, efallai, tref efo theatrau, sinemâu, siopau – wyddai Robin ddim beth oedd pobl eisiau'r dyddiau yma. Dim ond llonydd roedd o eisiau. Llonydd oddi wrth bobl anghenus. Anghenus fel bu ei nain, ac fel ei daid erbyn hyn. Ei fam oedd wedi dweud wrtho ers blynyddoedd y dylai fynd, dianc oddi yma, mynd tra medrai, cyn setlo. Dyna oedd hi wedi ei ddweud, ond roedd Robin wedi aros yn rhy hir. Un felly y bu erioed, dili-daliwr. Methu gwneud penderfyniadau. Methu dal yr hwyl i fyny pan oedd y gwynt ar ei anterth – a cholli cyfle. Hi aeth yn y diwedd, cymryd y goes, tra oedd o'n rhy freuddwydiol, yn ystyried ei symudiad nesaf.

Edrychodd wedyn ar y siâp du, solat i fyny yn y dreif gyferbyn. Roedd y car yn ei gythruddo rywsut, a fedrai Robin ddim peidio cymryd cip arno, ac ni fedrai ymresymu pam chwaith, dim ond ei fod yn gweld y peth fel presenoldeb arall mae'n debyg, lle bu gwacter cysurus. Wedi'r cyfan, bu'r tŷ yn y stryd o dai newydd, rhif 11 Ffridd Uchaf, yn wag ers sbel, ac roedd Robin wedi dod yn gyfarwydd â hynny. Llonyddwch.

Ond doedd ganddo wir ddim rheswm dros aros yma chwaith. Fe ddylai gymryd cyngor ei fam. Roedd ganddo gynilion. Doedd Robin ddim yn wariwr, a doedd arno angen fawr o ddim. Wedi'r cyfan roedd y tŷ ganddo, wedi ei gael ar ôl ei dad – ei dŷ o oedd hwn.

'Braf arnat ti, a thŷ gen ti fel'na.' Gwenu wnaeth Brenda, ei fam, wrth ddweud, 'Hogyn aur dy dad fuest ti erioed 'de, a dyna ti yli, wedi cael y tŷ i gyd i chdi dy hun.'

Ond roedd Robin yn gwybod mai dyna'n rhannol pam yr aeth ei fam i ffwrdd. Nid ei bod wedi disgwyl cael dim byd ar ôl ei chyn-bartner, ond doedd ganddi unman i fynd, dim ond aros yno yn Nhegfan, dan draed. Doedd Robin ddim wedi gwneud pethau'n hawdd iddi. Doedd o ddim eisiau ei fam yno yn y tŷ. Doedd hi ddim 'run fath â fo, doedd hi ddim eisiau llonydd. Byddai'r tŷ wedi bod yn llawn pobl petai Brenda yno, parti ar ôl parti.

'Ewn ni'n ôl i dŷ Rob, ti'm yn meindio nag wyt, Rob?'

Ond roedd o *yn* meindio. Doedd o ddim eisiau ei fam a'i ffrindiau yno.

'Hen drwyn bach fuest ti rioed. Rêl dy dad.' Ond gwenu oedd hi wrth ddweud, a ryfflo ei wallt efo'i dwylo llawn modrwyau.

Eisteddodd Robin o flaen y teli, ac estyn am ddarn o bapur o'r drôr lle cadwai ei dad ei amlenni a'i bapurach. Yna aeth ati i ysgrifennu ei lythyr ymddiswyddo. Gwthiodd y papur i'r amlen a'i adael wrth y sinc. Diffoddodd y golau, cymerodd gip trwy ffenestr y gegin a gweld y dyn yn astudio'r tolc ar fymper y car. Gwenodd, cyn mynd am ei wely.

I I Ffridd Uchaf

'FEDRA I NEUD, Mam.'
  Gwthiodd Steff y cit pêl-droed i mewn i'r bag, a'r esgidiau, cyn i'w fam weld bod pridd a gwair wedi sychu'n sownd wrth y styds. Caeodd y bag yn sydyn.
'Barod?'
Daeth ei dad i'r drws, a goriadau'r car benthyg yn ei law. Nodiodd y bachgen a symud at ei fam i honno gael roi'r gusan arferol ar dop ei ben.
'Dim rhy hen felly?' meddai.
Wyddai hi ddim a oedd symud yma, a gorfod dechrau yn yr ysgol uwchradd lcol yn anoddach i Steff nag aros yn eu hen gartref – cychwyn ysgol newydd oedd cychwyn ysgol newydd, ble bynnag yr oedden nhw. Ond roedd Craig yn benderfynol mai haws fyddai pethau ar Steff, gan y byddai yn yr un ysgol ag o, ei dad. Doedd Delyth ddim yn gweld rhesymeg y peth.
'Wela i di heno.' Gwasgodd y bachgen ati. Safodd yno yng nghanol olion y bore, y llestri budron a'r briwsion. Cododd lond ei dwylo a'u symud at y sinc.
'Oes rhaid i mi fynd i treining heno, Dad?' Rhoddodd Steff ei fag i lawr.
'Be? Ti'm isio mynd yn diwedd? A finna wedi deud y gwna i gymryd yr ymarfer, fel 'mod i'n gallu bod yno efo chdi, Steff. Dyna'r diolch dwi'n gael! Fyddi di'n iawn efo fi yno, byddi?'

Ailgododd Steff y bag a symud am y drws, yna trodd i edrych ar ei fam.

'Fe wnei di fwynhau unwaith wyt ti yno, Steff.' Ceisiodd hithau ei gysuro, ei llais yn codi rhyw fymryn yn daer.

'Fydd o'n grêt, Steff. Ti a fi, yli.' Rhoddodd ei dad bwniad ysgafn ar ei fraich cyn troi at Delyth.

'Dwi'n meddwl fod gen titha ddigon i'w neud yn fan hyn, Delyth. Gad y cyfarfod meithrinfa tan ddiwedd yr wythnos, i ti gael amser i feddwl yn iawn am y peth, ia?'

Edrychodd Delyth arno am eiliad, cyn nodio a throi. Roedd hi wedi trefnu cyfarfod efo perchennog y feithrinfa leol y bore hwnnw, gan feddwl y byddai'n braf cael mynd o'r tŷ am ddiwrnod neu ddau i weithio, dod i nabod pobl, a chael ychydig o arian iddi hi ei hun, ac i helpu efo'r costau. Ond mae'n debyg mai Craig oedd yn iawn. Edrychodd o'i chwmpas – roedd ganddi ddigon i'w wneud, wrth gwrs. Doedd hanner y pethau ddim wedi eu dadbacio eto, a bocsys ar hyd llawr y cyntedd, a phob dim ym mhob man. A phetai hi ddim ar frys, a heb fod mor ddi-drefn a ffwrdd â hi, yna fyddai hi ddim wedi bachu'r car yn yr arwydd ffordd. Roedd symud wedi bod yn gostus, a rŵan dyma hithau'n ychwanegu at y pwysau. Roedden nhw wedi meddwl na fyddai angen sôn wrth y cwmni yswiriant, ond roedd Craig wedi dod yn ei ôl o'r garej efo pris gwirion am drwsio'r tolc. Dim ond y bymper oedd wedi bachu, ond yn ôl y garej roedd yna niwed i'r panel ochr hefyd. Doedd Craig ddim wedi rhoi bai arni.

'Rhaid i mi ddod efo chdi tro nesa, bydd? Fedra i ddim gadael i ti fynd i nunlla dy hun na fedra!' a chwerthin. 'Neu fydd na 'run adeilad yn sefyll yn y lle 'ma.' Roedd o wedi wincio ar Steff wedyn, cystal â dweud: 'Dy fam, be 'nawn ni efo hi, d'wad?'

Ond doedd Steff ddim wedi chwerthin, dim ond dal ei afael yn ei fag.

Trodd Delyth yn ei hôl at y sinc, ac anadlu'n ddyfnach wrth glywed sŵn y drws ffrynt yn cau. Gorffennodd glirio'r gegin, rhoi golchiad o ddillad i mewn, mynd i fyny a gorffen rhoi trefn ar y llofftydd. Roedd meddwl am daclo'r bocsys yn troi arni. Wyddai hi ddim lle i ddechrau. Roedden nhw wedi symud i Ffridd Uchaf ers mis bellach, ac wedi medru ymdopi'n iawn heb y pethau yn y bocsys, felly oedd pwrpas eu dadbacio o ddifri? Edrychodd ar y bocs wrth ei throed. 'Stwff cegin' yn llawysgrifen Craig. 'Stwff lownj', 'Stwff garej', 'Personol Craig', 'Personol Delyth', 'Hen deganau', 'Fideos'. Trefnus, popeth wedi eu labelu'n drefnus, dyna oedd mantra Craig. Llawer haws dadbacio yn y pen arall.

Y gwir oedd nad oedd Delyth eisiau cyrraedd y 'pen arall'. Doedd hi ddim am agor y bocsys – yr un hen bethau, ond bod angen cypyrddau newydd i'w cadw nhw.

Doedd hi ddim wedi meddwl y bydden nhw'n symud, roedd Craig wedi bygwth droeon, y byddai gwell bywyd i'w gael iddyn nhw ill tri yn rhywle arall, ond doedd dim byd wedi dod o'r un o'r swyddi eraill roedd o wedi trio amdanyn nhw. Roedd ganddi hithau bobl oedd yn ei hadnabod yn lle'r oedd hi. Roedd Bet yno, digon agos iddi fedru picio heibio ambell dro, yn rhy agos, meddai Craig, a Bet yn rhwystr iddi symud yn ei blaen. Roedd Craig wedi trio am swydd mewn ysgol mewn tref fechan ar y glannau, ac wedi llwyddo. Byddai'n gwneud lles iddyn nhw symud ymlaen fel teulu, a gan fod y swydd newydd yn Ysgol Glan Morfa yn cynnig llawer mwy o gyfle iddo, roedd symud yn gwneud synnwyr. A doedd ganddi hi ddim gyrfa p'run bynnag, felly doedd dim byd mewn gwirionedd i'w rhwystro rhag symud yma. Cychwyn o'r newydd, ond doedd Delyth ddim eisiau symud i fan hyn. Oedd yn rhaid dewis Glan Morfa o bob man?

Penliniodd wrth ochr y bocs 'Stwff cegin'. Gwyddai nad oedd yna fawr o bwynt agor hwnnw, roedd popeth oedd ei angen arnyn nhw wedi ei ddadbacio'n barod. Cododd y cwpanau'n ofalus – cwpanau wedi eu lapio mewn papur newydd, cwpanau cain na fydden nhw byth yn eu defnyddio. Cwpanau cwpwrdd gwydr, er nad oedd ganddyn nhw ddim cwpwrdd gwydr.

Fyddai siop elusen yn eu cymryd nhw? Efallai y byddai rhywun yn hoffi eu cael nhw, er fod llestri Pyrex yn llawer cryfach. Roedd yna rywun eu heisiau nhw, yn dal i wneud te ynddyn nhw. Roedden nhw'n ôl mewn ffasiwn, 'run fath â fformeica a photeli llefrith. Roedden nhw'n beth fyddai Lynne yn ei alw'n *à la mode*. Lynne, chwaer Craig. Mi fyddai Lynne wrth gwrs wedi gwneud rhywbeth efo nhw, ac wedi gwneud rhywbeth efo popeth arall hefyd. Mi fyddai hi wedi lluchio a threfnu cyn cychwyn symud, nid fel hyn. Lynne, roedd hi wedi ceisio bod mwy fel Lynne, ond roedd hynny'n ymdrech, gormod o ymdrech o beth wmbreth.

Eisteddodd Delyth yn y cyntedd, y cwpanau a'r soseri wedi eu tynnu o'r papur newydd, ac yn gorwedd ar deils y cyntedd. Roedden nhw'n mynd i dorri, wrth gwrs eu bod nhw, roedd popeth cain yn torri os oedd hi'n cyffwrdd ynddyn nhw.

'Paid â bod yn wirion,' oedd geiriau Craig. 'Wedi bod yn anlwcus wyt ti. Ond ti'n iawn rŵan dwyt, efo fi?'

Gwthiodd y llestri yn ôl i'r bocs, a'u cario i'r stafell sbâr. Haliodd weddill y bocsys ar eu holau – doedd arni ddim angen dim ohonyn nhw. Caeodd y drws ar ei hôl.

Yn y cyntedd rhoddodd ei chôt amdani. Roedd yn rhaid iddi symud yn ei blaen. Fedrai hi ddim gori ar hen syniadau, hen ofnau. Byddai'n mynd i weld y ddynes ynglŷn â'r swydd yn y feithrinfa. Cymrodd gip ar ei hadlewyrchiad yng ngwydr y drws, sythodd ei hysgwyddau a chau'r gôt yn dynn amdani. Byddai'n ffonio Bet heno, gyda'r newydd fod ganddi swydd ac fe fyddai Bet yn anadlu'n rhwyddach o feddwl ei bod yn dod i gysylltiad â phobl ac yn medru gwneud ffrindiau newydd, a hithau mor bell.

Ar y weiren uwchben y tai roedd rhes o wenoliaid wedi hel, a'u trydar yn llenwi'r awyr glir. Roedden nhw'n barod i fynd felly, yn barod i fudo'n ôl i diroedd cynhesach. Daeth atgof sydyn i'w meddwl, dim ond cysgod atgof. Fedrai hi ddim ei gael yn glir yn ei meddwl. Dim ond hanner llun, neu nid llun yn hollol, ond un o'r synhwyrau eraill, fedrai hi ddim dirnad pa synnwyr yn hollol. Cyffyrddiad, sŵn bach efallai. Teimlad o law rhywun a llais, er fedrai hi ddim bod yn sicr o lais chwaith. Sŵn radio? Ond roedd gwenoliaid yno, yn yr hanner atgof – roedd hi'n siŵr o hynny.

Roedden nhw'n dod yn rhesi weithiau, yr hanner atgofion – lluniau, synau, cyffyrddiad – ond y cliriaf bob amser oedd yr aroglau, ogla sent, ogla peli lladd gwyfynod ar frethyn, ogla camffor. Byddai wedyn yn holi Bet ynglŷn â'r atgofion – delweddau, llun lliw a'r haul wedi gwynnu rhan ohono, neu'r lliwiau wedi rhedeg i'w gilydd, nes gwneud yr holl beth yn aneglur. Byddai Bet yn aros i wrando, ond yn ysgwyd ei phen ran amlaf, a dweud yn dawel na fedrai hi helpu, nad oedd hi ddim yn gwybod. Weithiau byddai Delyth yn gwylio'r ffilm honno, yr un oedd yn perthyn i gyfnod arall yn ei hanes, ond doedd pwy bynnag oedd yn gafael yn y camera ddim wedi deall y grefft, a doedd yna fawr mwy na strimyn o goesau a breichiau sydyn, cefn pen rhywun a'r gwallt yn dechrau britho, hanner wyneb a llygaid glas yn gwenu, cymylau, dail, balŵn goch, gwellt glas a chwerthin. Byddai Bet yn cadw'r ffilm wedyn yn y cwpwrdd, efo'r pethau eraill ddaeth efo Delyth, pan ddaeth ati i fyw. Doedd yna ddim lles yn dod o edrych arno eto ac eto, nes i Delyth ddrysu wrth drio gorfodi ei hun i gofio.

Brysiodd Delyth am y llwybr, a'r gwenoliaid yn brysur uwch ei phen. Roedd yr hanner atgof wedi ei sbarduno yn ei blaen.

Cyrhaeddodd yr adeilad gyda'i ffenestri'n lluniau lliwgar, Arch Noa a Sali Mali, a gwenodd. Roedd pwy bynnag beintiodd y ffenestri wedi mynd i hwyl. Roedd hi yn yr adeilad cywir felly, roedd angen lliw ar y lle, gyda'i waliau llwyd a slabiau concrit a ffens weiren. Canodd y gloch wrth y giât, a daeth merch ifanc i agor iddi a'i thywys trwy'r drysau.

'Wedi dod i weld...' Fedrai Delyth ddim cofio enw'r perchennog. 'Roedd yna swydd yn mynd yma?'

Edrychodd y ferch arni a gwenu. Oedd y wên yn un dosturiol?

'Mi a' i i nôl Mair rŵan i chi.'

Eisteddodd Delyth ar y gadair blastig isel, ac edrych o'i chwmpas ar y welis a'r cotiau bach. Byddai'n braf cael rhywbeth i'w wneud, rhywun i siarad â nhw eto.

Agorodd y drws, a synhwyrodd Delyth yn syth fod y wraig yn petruso, yn ansicr. Cododd ac estyn ei llaw.

'Delyth Parry, siaradon ni ar y ffôn? Ynglŷn â'r swydd?'

Gwelodd yr olwg ddryslyd ar wyneb y wraig, yr aeliau'n crychu.

'Mae'n ddrwg gen i, Mrs Parry, ond mi ges neges bore 'ma nad oeddech chi am drio am y swydd, eich bod chi wedi newid eich meddwl?'

'Ond...'

'Neges yn dweud eich bod yn canslo'r cyfarfod, ond gan eich bod yma…?'

Gwyddai Delyth wrth ddringo'r allt yn ôl tuag at 11 Ffridd Uchaf, a'i hwyneb yn boeth, y byddai'r gwenoliaid eisoes wedi gadael.

Ysgol Glan Morfa

RHODDODD ROBIN WTHIAD i ddrws y stordy i wneud yn siŵr ei fod wedi cloi, yna rhoddodd y goriadau yn ei fag cefn. Roedd o'n barod i fynd adre, ond roedd y golau'n dal ymlaen yn swyddfa'r pennaeth, ac ambell gar ar ôl yn y maes parcio. Byddai'n picio i'r Groes i nôl rhywbeth at swper felly, cyn dod yn ei ôl i orffen cloi. Pasiodd y siop gebábs, efo'r arwydd neon. Roedd Mazul yno'n pwyso ar y cownter, ac wedi ei weld. Cebáb amdani felly. Fedrai o ddim pasio, a'r dyn ei hun wedi ei weld.

'Ti'n iawn?' Sythodd Mazul, a sychu ei ddwylo yn y cadach ar y cownter.

Gwenodd. Doedd nos Lun ddim yn noson dda, fel arfer, ac roedd o wedi pendroni os oedd hi'n werth bod ar agor o gwbwl, a hithau'n ddechrau Medi a thymor yr ymwelwyr ar ben. Ond wedyn fe allai daro'n lwcus, a fedrai o ddim fforddio peidio agor chwaith.

'Iawn Maz, a ti?' Nodiodd Mazul.

'Fel arfer, Rob?'

'Ia, dim chips heddiw, Mazul, a chicken kebab bach.' Dim ond dechrau'r wythnos oedd hi wedi'r cwbl.

'School back open, Rob?'

Nodiodd Robin a chymryd y stôl uchel i wylio Mazul wrthi'n paratoi ei swper.

'Watch the shop for me will you, for a minute? Got something in the back.'

Diflannodd y cogydd trwy'r stribedi plastig lliwgar i grombil y siop, cyn dod yn ei ôl efo bag chwaraeon. 'Found this in the back, Rob. Some kids threw it there for a prank, yes. You take it to school, somebody might know something? Saw this kid standing near, but I don't know.' Aeth yn ei ôl at y radell ddur, a dweud, 'It's not like it was with me and you now see, Rob, they have too much now. Ti isio diod?'

'Na, dim diolch, dim diod.'

Nodiodd, ond er ei eiriau beirniadol, gwyddai Robin mai i siop Mazul fyddai'r plant ysgol yn dod pan nad oedd ganddyn nhw ddigon o arian i dalu am ginio. Fyddai neb yn cael mynd oddi yno'n llwglyd, cyn belled â'u bod nhw'n bihafio. Estynnodd y bocs bwyd dros y cownter i Robin, cododd yntau'r bag ysgol a'i osod ar ei gefn, a rhoi'r arian ar y cownter cyn troi am y drws. Roedd dau lanc ifanc wedi dod i mewn, neu byddai wedi aros yno i fwyta a rhoi'r byd yn ei le.

Roedd sgwrs ddifyr i'w chael efo Mazul. Roedd y cogydd yn gweld pethau mewn golau gwahanol i bobl y dref. Dim ond cymryd pethau fel yr oedden nhw rywsut, heb rincian, derbyn y drefn efallai, ac eto, nid hynny'n hollol chwaith. Gwyddai Robin na fyddai Mazul yn derbyn popeth, ond gwyddai Mazul yn well na'r rhan fwyaf o drigolion y dref pa bethau oedd wir angen cynhyrfu yn eu cylch. Ac roedd Robin yn hoffi hynny. Cofiodd y bore y daeth yntau a Mel ar draws Mazul yn hel llanast oedd wedi chwydu o'r bìn ac ar hyd y pafin, a Mel yno'n bytheirio fod y peth yn warthus nad oedd y Cyngor yn hel y biniau'n ddigon aml, ac y dylai Mazul gwyno, ac yntau'n talu trethi. Sythodd Mazul ac ysgwyd ei ben.

'Dim bwys, Mel,' meddai. 'It's only a few bits of rubbish, see.'

Roedd Robin wedi gofyn iddo unwaith pam y bu iddo ddod yno i fyw, o bob man, tref fechan yng nghanol nunlle, oedd yn gur pen i geisio dod iddi neu fynd oddi yno. Tref fechan ddinod a'i thrigolion yn stryffaglu byw, y strydoedd yn llwydo efo pob mis. Roedd Mazul wedi aros cyn ateb. Dewisodd fan hyn am y rheswm syml nad oedd yna siop gebábs yma'n barod. Wnaeth Robin ddim holi wedyn ynghylch dim, a doedd Mazul erioed wedi yngan gair am fywyd cyn agor y siop gebábs. Yno roedd o rŵan, a'r dyfodol yn ymestyn yn glir o'i flaen.

Trodd Robin i fyny heibio'r tai gofal newydd, a dilyn yr afon am ychydig cyn eistedd ar fainc a dadlapio'r papur, y bocs yn boeth yn ei ddwylo. Cofiodd am ei daid – tybed a oedd y dyn yna, Sel, roedd Aneirin wedi ei weld yn dod oddi ar y bws wedi cael fflat yn fan hyn? Craffodd ar yr adeilad, y potiau blodau lliwgar wedi eu gosod yma ac acw ar hyd y silffoedd ffenestri, y pethau bwydo adar yn sownd yn y ffens, mab neu ferch efallai yn ceisio dod â rhyw fymryn o arlliw yr hen gartref i'r stafelloedd moel. O leiaf roedd gofal yno, mae'n debyg, a doedden nhw ddim ar eu pennau eu hunain. Tybed a fyddai'n well i Aneirin fod yn fan hyn, yn lle adre'n stwna ac yn siarad efo fo'i hun, yn gwneud straeon yn ei ben gan gipio ambell edefyn o ryw hen stori, ond yn methu gwau'r darnau i gyd yn daclus at ei gilydd?

Daeth Eiri allan trwy'r drysau gwydr, a galwodd arni. Roedd gan Eiri ddigon i'w wneud hefyd, yn gwneud shifft yn fan hyn cyn mynd adre i roi'r plant yn eu gwlâu, ac wedyn yn gwneud awr neu ddwy tu ôl i far y Bedol, os câi rhywun i warchod.

'Prysur?'

Rhoddodd Eiri'r bag plastig i lawr ar y wal.

'Wedi bod efo Mrs Jaffeth, bisgets i'r plant ganddi, yli.'

Eisteddodd Eiri nesa at y bag plastig efo'r bisgets. 'Ffeind ydi hi.'

'Ydi, Duw, mae hi'n dal o gwmpas, dydi? Mi weles i hi noson o'r blaen, sti, pan hitiodd y ddynes yna'r car.'

'Mae hi'n mynd allan weithia. Hi sy'n gneud y raffl i'r clwb henoed a ballu, chwarae teg. Hen ddynes iawn, sti, Mrs Jaffeth.'

'Oes yna rywun newydd wedi cymryd fflat acw, Eiri? Dyn?'

Pendronodd Eiri am funud, cyn eistedd ar y fainc wrth ei ymyl.

'Nac oes, dim ers ganol ha'. Mi ddoth Dr Jones i'r fflat isa, ond neb ers hynny. Pam?'

'Taid sy'n mynd mlaen am ryw ddyn welodd o'n dod oddi ar y bws, rhyw Sel, ac isio i mi ffendio lle mae o'n byw. Cofia, ella nad oes yna ddim ffasiwn ddyn o gwbwl. Mae'r hen gr'adur yn reit ffwndrus dyddia yma.'

'Bechod! Ddaw dy fam adra weithia? Wsti, i aros efo fo?'

'Na, mae hi rhy bell, dydi, a maen nhw wedi gneud bywyd newydd rŵan, do? I be ddôn nhw'n ôl i fama? Benidorm yn brafiach, yn well er eu lles nhw.'

'Wel, mae'r hen ddyn yn bwysa arnat ti felly, dydi.'

Synhwyrodd ei bod wedi dweud gormod.

'Wyt ti'n dal ar y Cyngor Dre dwyt, Rob?' Newidiodd y sgwrs.

Roedd o wedi cael ei berswadio i fod ar y Cyngor am eu bod nhw'n methu dod o hyd i neb arall i lenwi'r sedd, a'u bod nhw angen 'gwaed ifanc', ond roedd yr un hen agenda wedi bod yn ormod iddo. Pwy oedd am glirio'r fynwent, neu pwy oedd yn gyfrifol fod y llwybr o dan y Graig Fain yn beryg bywyd yn gaea'?

'Nadw rŵan,' meddai'n dawel. Mae'n rhaid na chlywodd Eiri'r ateb.

'Mae rhywun yn parcio reit ar gornel stryd acw, sti, bob blydi diwrnod, ac mae'r plant angen croesi fan'no ar ffordd i'r ysgol. Beryg bywyd iddyn nhw. Dwi wedi ffonio'r Highways ond does 'na neb i'w weld yn gneud dim byd. Eniwê, os gei di gyfle i sôn, Rob, neu mi fydd rhaid i mi feddwl am ffordd arall o symud y diawl peth.'

Erbyn iddo orffen ei swper a cherdded yn ei ôl i'r ysgol, roedd y maes parcio'n wag, a'r swyddfa'n dywyll. Rhoddodd y bag y tu ôl i'r dderbynfa a chloi ar ei ôl.

Y rhandir

R OEDD HEULWEN WEDI darllen yn rhywle, neu wedi clywed
nhw'n trafod y peth ar y weiarles oedd hi ella, sut oedd
pobl weithiau'n drysu beth roedden nhw'n gofio o ddigwyddiad
a beth roedden nhw wedi ei glywed am y digwyddiad hwnnw.
Weithiau roedd pobl yn taeru'n ddu-las eu bod nhw wedi bod
yn rhywle, neu weld rhywbeth, dim ond iddyn nhw gael eu
profi'n anghywir. Mi roedd gan y bobl ar y weiarles derm
amdano a phob dim, ond fedrai Heulwen ddim cofio beth
oedd o, neu mi fyddai wedi mynd i'r llyfrgell i chwilio am lyfr
am y peth. Roedden nhw hefyd wedi trafod sut oedd rhai pobl
yn gallu anghofio pethau, neu eu dileu o'u meddwl am nad
oedden nhw eisiau eu cofio, fel y rheiny fu'n greulon mewn
bywyd o'r blaen – eu bod nhw'n medru perswadio eu hunain
nad oedden nhw wedi gwneud dim byd, neu mai rhywun
arall wnaeth y drygioni, ac mai dim ond digwydd bod yn y
cyffiniau roedden nhw. Roedden nhw'n dewis beth i'w gofio.

Rhywbeth yn debyg i pan oedd hi'n meddwl ei bod yn cofio
ei nain ers talwm, yn sefyll ar ben yr allt o flaen Llwyn-piod, y
ffermdy lle roedd ei nain yn byw, yn Dyffryn, a bod yna gwch
gwenyn yn y berllan y tu ôl iddi. Fedrai hi ddim bod yn siŵr
o ddim, efallai mai oherwydd fod ei thad wedi sôn mor aml
am y lle, a sôn sut y byddai ei fam yn sefyll ar ben yr allt yn
eu gwylio nhw'n gadael, fel bod yr olygfa wedi ei serio ar ei
chof. Ond efallai na welodd hi erioed ei nain yn y fan honno,

na'r cwch gwenyn chwaith. Byddai'n dal y bws un o'r dyddia nesa, yn arbennig os caen nhw ha' bach, ac yn picio am dro i Lwyn-piod. Fyddai hi ddim gwerth yn cyrraedd yno o waelod y llwybr oddi wrth y bws.

Cau giât y rhandir oedd hi, wedi bod yn tynnu'r olaf o'r moron a'r ffa dringo. Roedd ei chefn yn brifo, wedi bod yn halio'r prennau dal ffa o'r ddaear, eu clymu efo cortyn a'u gosod yn dwmpath o dan y sied at y flwyddyn nesa. Roedd hi wedi mwynhau bod yno, yr haul ar ei gwar, a neb yno ond y hi. Yr wythnos ddiwetha roedd rhywun wedi dod â weiarles yno, a honno'n poeri sŵn i bob man. Fedrai Heulwen ddim deall y peth – i be fyddai unrhyw un eisiau dod â weiarles efo nhw i fan'no? Dod yno i gael dianc o sŵn y weiarles oedd y bwriad, siawns?

Ond doedd neb yno heddiw, dim ond hi a'r gwenyn. Roedd hi wedi fforchio dros y gwely moron, ac ystyried rhoi'r tarpolin du dros ran arall o'r ddaear, ond roedd hynny'n drafferth. Byddai stormydd yr hydref yn beryg o'i godi a'i hyrddio i rywle. Doedd ganddi ddim digon o gerrig i osod ar ei ben i'w gadw i lawr. Roedd hi wedi glanhau'r offer a'u cloi yn y sied, ac wedi tynnu'r beipen ddyfrio a'i chadw, a rhoi'r darn carped fel ynysydd yn ei ôl dros y tap. Bodlonodd, roedd popeth mewn trefn eto. Tynnodd y giât ar gau, a gwneud yn siŵr fod y darn weiren yn saff oddi tani. Doedd hi ddim am i gwningod fynd yno, er nad oedd ganddi ddim yn tyfu yno rŵan. Yna ailfeddyliodd. Os oedd y weiren yno, fedrai draenogod ddim mynd yno chwaith, ac mi fedrai neud efo draenog yno i fwyta'r malwod. Aeth ar ei chwrcwd i dynnu'r weiren eto, ond roedd hi wedi gwneud job rhy dda o'i gosod hi, a bu'n rhaid iddi fynd yn ei hôl wedyn i'r sied i chwilio am efail i dorri'r weiren yn rhydd. Lapiodd y darn weiren yn daclus a'i gosod yn ôl yn y sied, efo'r efail. Roedd hi wedi colli ei gwynt braidd, yn codi a rhuthro fel yna, ei bochau'n teimlo'n boeth a chwyslyd, a theimlai'n flin efo hi ei hun am fethu symud mor chwim ag y byddai, a'i bysedd yn gwrthod gripio pethau'n iawn. Roedd yn gas ganddi ei gwendid ei hun. Doedd dim bwys ganddi am wendid pobl eraill. Ond doedd hi ddim i fod fel hyn, doedd hi erioed wedi dibynnu ar neb am ddim, a daeth y sylweddoliad y byddai'n debygol iawn o orfod dibynnu ar rywun yn hwyr neu'n hwyrach, fel pigyn yn ei hochr.

'Be ti'n neud, Heulwen?'

Trodd oddi wrth y giât i weld Aneirin wedi aros wrth y ffordd ar dop y llwybr. Sythodd a chodi'r bag moron, a brysiodd i fyny at yr hen ŵr.

'Cau'r giât yn iawn, yndê. Lle wyt ti'n cychwyn, Aneirin?'

Chwiliodd Aneirin drwy boced ei siaced, un llaw â'i chefn yn wythiennau llwyd yn cydio'n dynn yn y ffon. Roedd golwg ddigon simsan arno, a chamodd Heulwen yn nes.

'Mae o gen i yn fama, sti.' Symudodd y ffon i'r llaw arall, a dechrau tyrchu yn yr ail boced.

'Be sy gen ti?' Roedd cynnwys y boced yn neidio allan. 'Gwatsia, ti'n colli pethau, Aneirin.'

Roedd hances a phapur fferins yn cael eu cipio gan y gwynt, a nodyn bach ar ddarn papur, efo cyfarwyddiadau yn sgrifen Robin arno – *Diffodd y tân lectric. Cloi drws cefn. Dim smocio yn y tŷ.* Casglodd Heulwen nhw a'u dal iddo am funud, nes iddo ddod o hyd i beth roedd o'n chwilio amdano, darn o bapur newydd, a hwnnw wedi melynu. Stwffiodd y pethau eraill yn ôl i'r boced.

'Ma fo, yli, yn y *Daily Post*, mae'r hanes yn fan hyn. Geith garchar yn ddigon reit i ti.'

Edrychodd Heulwen ar y sgrifen fawr fras, a'r geiriau plaen: Guilty verdict for ex-soldier.

Cymerodd y papur oddi arno, a'i blygu, yna rhoddodd y papur yn ôl iddo.

'Cadw hwnna rŵan, Aneirin. Mae o'n hen hanes rŵan, dydi?'

'Ond carchar geith o, yndê, Heulwen? Mae o'n y *Daily Post*, yli.'

'Mi gafodd garchar, yn do, Aneirin? Hen bapur ydi hwnna, yndê? Lle cest ti hwnna rŵan? Edrych, mae o 'di melynu, waeth i ti ei luchio fo ddim.'

Edrychodd Aneirin arni'n amheus.

'Na, mi fydd Magwen isio'i gadw fo, sti. Mi ddeudodd hi ddigon mai hen gena drwg oedd o.'

'Ond nid *Daily Post* heddiw ydi hwnna.'

'Damia'r hogyn Robin yna. Mi ceith hi gen i, yn dod â phapur ddoe i mi fel'na.'

Erbyn iddyn nhw gyrraedd y tŷ roedd Aneirin yn pwyso'n drwm arni. Roedd ceisio dal ei gafael yn y bag moron efo un llaw a dal pwysau Aneirin efo'r llall yn ymdrech, ac am unwaith roedd Heulwen yn falch o weld Neil yn brysio tuag atyn nhw.

'I saw the front door was open. Beginning to get a bit worried about you, mate. Grab hold of my arm now, got a nice brechdan ham for you on the table there.'

Dilynodd Heulwen y ddau i'r tŷ, ac aeth trwodd i'r gegin i danio'r tecell. Gallai glywed Neil wrthi'n paldaruo rhywbeth am y frechdan ham, ham efo mwstard, neu ham heb fwstard oedd orau? Aeth hithau â phlât efo hi yn ôl at y ddau. Roedd golwg ddigon gwelw ar Aneirin, a doedd cael Neil yn dawnsio o'i flaen fel yna'n ddim lles. Fyddai Aneirin ddim callach brechdan beth oedd o'i flaen. Tynnodd Aneirin y ddalen o'r *Daily Post* allan wedyn, gwthiodd y plât a'r frechdan ham i'r ochr a rhoi'r papur ar y bwrdd o'i flaen. Esmwythodd y papur drosodd a throsodd efo'i fysedd.

'Selwyn Maurice Roberts.'

'Did you know him, Aneirin?' Darllenodd Neil y geiriau. 'Guilty verdict for ex-soldier... found guilty... causing death...'

'No, just found this in my pocket you know – it's old now, see? Old news, it's the new people in the shop – they sell rubbish.' Cododd y papur at y ffenestr, a dangos yr ymylon melyn i Neil. Nodiodd yntau a gwthio'r plât yn ei ôl at ymyl yr hen ŵr, ac eisteddodd i lawr gyferbyn ag Aneirin wrth y bwrdd.

Rhoddodd Heulwen y gwpan de i lawr wrth ymyl y frechdan a chododd ei bag moron. Siawns na fyddai Neil yn gallu clirio llestri wedyn. Roedd y ddau i'w gweld yn ddigon bodlon eu byd.

'Did you know him then?'

'No, no, I didn't know him. It was a long time ago.'

Gwenodd Heulwen. Mi fyddai'n mynd i'r llyfrgell i chwilio am lyfr am y cof pan gâi gyfle.

22 Maes y Gerddi

'TY'D Â DY blât i'r sinc reit sydyn i mi gael gorffen, Dafydd.' Sychodd Eiri ei dwylo'n frysiog cyn gorffen clirio'r desglau budron oddi ar y bwrdd, a chadw'r llefrith.

'Reit brysiwch, a Dona, os byddi di adra o 'mlaen i heno, cofia gloi'r drws ar dy ôl. Ti'n gwybod i beidio ateb wedyn i neb diarth, a paid â mynd i wneud panad chwaith – jyst diod oer, iawn? A ty'd ditha adra'n syth, Daf, i gadw cwmni iddi. Fydda i ddim yn hwyr, beth bynnag.'

Gobeithiai Eiri na fyddai'n hwyr, ond fedrai hi fyth ddweud yn iawn. Roedd ganddi ddiwrnod o lanhau o'i blaen heddiw, a wyddai hi ddim pa mor hir y byddai allan.

Roedd ambell dŷ yn hawdd, lle'r oedd y perchnogion yn gweithio. Fyddai ond angen iddi adael ei hun i mewn, gwneud beth bynnag fyddai angen ei wneud, ac allan. Ond roedd ganddi rai fel arall hefyd – y rheiny oedd â'r perchnogion yn dal yno. Doedd dim bwys gan Eiri am y rhai oedd yn heneiddio, mi fedrai wneud yn iawn efo'r rheiny. Roedden nhw'n unig am eu bod nhw'n hen, ac angen sgwrs am na fydden nhw'n gweld fawr o neb hyd nes y byddai hi'n galw wedyn. Mi fyddai'n sgwrsio wrth wneud ei gwaith, ac ambell dro fe fydden nhw'n dal ati i siarad o'r gadair yn y gegin, pan fyddai hi yn y llofft yn hwfro. Bechod, mi fyddai hithau wedyn yn gweiddi atebion o'r landin, gan obeithio ei bod yn ateb y ffordd gywir.

Byddai ei bore efo Jessie fach a Sandra yn iawn hefyd, y

ddwy wedi dod at ei gilydd am fod y ddwy'n clywed lleisiau yn eu pennau, ac yn meddwl y byddai pedwar llais cystal â dau. Doedd glanhau i Jessie fach a Sandra ddim yn hawdd, oherwydd nad oedd yna brin arwyneb gwag yno i'w lanhau. Roedd yn rhaid camu'n ofalus rhwng tyrrau o hen gylchgronau, twr arall o deganau meddal wedi eu prynu mewn siopau elusen yma ac acw. Ond doedd yr un o'r ddwy'n poeni faint o lanhau fyddai'n digwydd, dim ond rhywbeth i gadw brawd Sandra'n hapus oedd o p'run bynnag. Ymgais i leddfu chydig ar gydwybod hwnnw, meddai Eiri, am na fyddai byth yn galw, dim ond talu am rywun i gadw rhyw fath o drefn. Byddai Eiri'n llwyddo i roi sgwriad i'r gegin iddyn nhw, a'r stafell molchi, ac yn cael sgwrs ddifyr, smôc a phaned ddeg yno, bob yn ail fore Mawrth.

Y lleill oedd y rhai anodd – y rhai oedd yn mynnu bod yn unig, er nad oedd achos iddyn nhw fod felly o gwbl, yn llygaid Eiri. Roedd pob braint dan y sêr ganddyn nhw, hynny o fodd oedd angen arnyn nhw a mwy, llawer mwy, gallai hi weld hynny. Y rheiny oedd yn mynnu ei chadw i fwydro am eu hrwydrau mewnol diflas, eu rhestrau o salwch a llawdriniaethau. Ac yn mynnu ail-fyw pob anghydfod rhyngddynt a rhyw gyflenwr neu grefftwr a fu'n digon dall neu ddwl i fentro i'w ffau, gyda geiriau fel *travestyofthetruthutterincompetence* yn neidio o un cownter gwenithfaen sgleiniog i'r llall. Anaml iawn fyddai'r rhain oddi cartref pan fyddai'n amser iddi hi alw, ac roedd gan Eiri deimlad annifyr fod hynny'n gwbl fwriadol, ac eto, efallai mai felly oedd orau, rhag ofn.

Gwyliodd Eiri y ddau blentyn o ben y drws am funud; roedd Dafydd wedi diflannu. Roedd o a'i griw ffrindiau wedi dechrau mynd heibio Siop y Groes ar eu ffordd i'r ysgol i brynu fferins, ac roedd rhai o'r plant oedd yn dod i mewn o'r cymoedd cyfagos ar y bws ysgol wedi dechrau gwneud yr un fath – dod oddi ar y bws er mwyn cael stwna ar hyd y stryd cyn i'r ysgol gychwyn. Doedd dim drwg yn hynny, meddyliodd Eiri, dim ond fod Daf yn gwario ei bres cinio yn y Groes, yn lle ar ginio iawn. Ond o leiaf roedd Gwanwyn efo fo, mab i gyfyrder iddi, un o fechgyn y ffermydd – siawns na fyddai hwnnw'n cadw peth trefn ar Daf, er nad oedd ganddi unrhyw sail i'r ddamcaniaeth honno chwaith, sylweddolodd. Un o ddamcaniaethau gwyrdroëdig ei mam oedd hi – mai plant da oedd yn dod o'r wlad, a phlant drwg o'r dref. Gwenodd Eiri. Doedd damcaniaethau ei mam byth yn dal dŵr.

Diflannodd y wên. Roedd y cythraul car yn ôl eto yn yr union fan, wrth y tro lle'r oedd Dona angen croesi. Teimlodd ei gwrychyn yn codi, cipiodd ei chôt a'i bag glanhau, a chau'r drws yn glep y tu ôl iddi. Rhedodd i gyrraedd Dona.

'Aros, Dona, ddo i efo chdi at y tro. Ma'r blydi car 'na yna eto, yli.'

'Dwi'n iawn, Mam. Sdim isio chdi ddod efo fi.'

Roedd hon yn annibynnol hefyd. Roedd Eiri'n falch o'r ferch, er mai dim ond deg oedd hi, roedd hi'n gallu gwneud dau dro am un i'w brawd mawr yn barod. Dim ond weithiau y byddai yna ambell amheuaeth yn crafu – oedd hi'n prifio'n rhy gyflym? Yn cael ei gorfodi i forol amdani ei hun yn rhy aml?

Yn sydyn daeth dyn ifanc i lawr y llwybr gyferbyn â'r car, ei oriadau'n swnllyd yn ei law. Agorodd y drws.

'Hei, ti'n meindio peidio gadel dy gar yn fan'na eto?'

'Be 'di o i ti, eniwe?' meddai hwnnw dan ei wynt, ond dim digon distaw chwaith.

'Paid, Mam, â gneud sin,' cyflymodd Dona fel bod yn rhaid i'w mam redeg i'w chyrraedd.

'Be ddeudist ti, mêt?' cipiodd Eiri ei hanadl. 'Be ddeudist ti rŵan? Ddeuda i wrthat ti be ydi o i mi, ti'n parcio'r ffycin car yna yn union lle ma plant yr ysgol angan croesi, ac mae o'n uffernol o beryg, yli. Dyna be ydi o i mi…'

Cyflymodd Dona, ac aros ar ymyl y pafin i groesi.

'Dona, aros lle wyt ti!'

'Ma 'na ddigon o le yn bellach lawr y lôn iddyn nhw groesi, does?' meddai'r dyn wedyn, a chau drws y car ar ei ôl yn glep.

'Brych!' gwaeddodd Eiri dros sŵn y car yn tagu i gêr. Arhosodd Dona i'r car a'i dymer ddrwg basio, cyn croesi'n sydyn at griw o blant yr ochr arall i'r stryd, eu lleisiau'n cael eu mygu gan sŵn y car yn pellhau a'r mwrllwch o law a niwl, eu bagiau'n llachar yn erbyn llwydni'r pafin a'r ffens.

'Wela i di heno, Dona!'

Ond roedd hi eisoes wedi mynd o afael ei mam. Cododd Eiri ei llaw, a'i gostwng mewn ystum chwithig. Trodd i gerdded i fyny'r ffordd arall am Ffridd Uchaf. Byddai'n cychwyn efo Mrs Jones heddiw, byddai honno siawns yn falch o'i gweld.

Croesodd Eiri bont dros y ffordd oedd yn arwain i mewn i'r dre, gan ymuno â'r llwybr troed wrth yr afon. Gyferbyn â'r llwybr roedd y Graig Fain yn taflu ei chysgod dros y ffordd, ac yn creu twnnel naturiol i drafnidiaeth fynd i lawr i gyfeiriad y dref. Hen graig dywyll, yn gil-haul bron trwy'r flwyddyn, ond roedd ambell i dwmpath o redyn, gweiriach a grug yn llwyddo i ddal eu gafael ar yr ymylon llaith. I'r rhai oedd eisiau byw roedd gyrru o dan nenfwd y Graig Fain ar fore rhewllyd yn brofiad annymunol, ac i ychwanegu at yr arswyd, roedd clogwyni'r Graig Fain yno'n uchel uwch eu pennau, a'r Pulpud yn rhan o chwedloniaeth dywyll yr ardal. Wedi pasio'r graig, byddai'r ffordd yn agor allan eto, gan ddilyn gwely'r afon yn llydan heibio'r tai gofal ar un ochr, a'r tai cyngor,

Maes y Gerddi, ar yr ochr arall, cyn culhau eto wrth wthio'i ffordd i mewn trwy strydoedd culion y dre, heibio'r Groes a'r Bedol, siop gwallt Soffisticut gyda'r parlwr a'r lluniau o greadigaethau ewinedd gliterog llachar yn edrych yn od ochr yn ochr â'r paent yn plicio oddi ar y drws, heibio'r cigydd a'r siopau elusen, ac i lawr i gyfeiriad yr ysgol a'r twyni.

Ond heddiw roedd Eiri yn troi ei chefn ar y dref. Roedd hi'n braf cael mynd i fyny am Ffridd Uchaf am y bore. Teimlai fel petai'n dringo allan o'r niwl a'r mwrllwch wrth iddi ddringo'r allt, a chyn bo hir roedd y Graig Fain wedi ei gadael ar ôl, a hwyliau Eiri wedi codi. Trodd i mewn i'r sgwâr taclus o dai. Fe fyddai hi wedi licio byw i fyny yn Ffridd Uchaf. Fe fyddai magu plant yn fan hyn wedi bod yn haws rywsut, tybiodd.

Edrychodd o'i chwmpas ar y drysau gyda'u gwydrau lliw, hen dai â chymeriad iddyn nhw – ambell un â feranda bach a tho llechi uwchben, i'w perchennog gael eistedd allan ar fin nosau braf, yn gwylio'r machlud dros y bae. Doedd preswylwyr Ffridd Uchaf ddim yn cael trafferth efo ceir wedi eu gadael mewn llefydd gwirion. Y rhes wreiddiol oedd y tai brafiaf. Doedd y rheiny ddim wedi newid fawr mae'n debyg ers oes yr hen gapteiniaid, ond roedd y tai oedd wedi eu hychwanegu wedyn, y rhai modern, yn haws i'w cynnal, er nad oedd yr un rhin iddynt.

Un o'r hen dai fyddai hi'n mynd amdano, petai'r modd ganddi. Cododd ei phen i weld Heulwen yn ffenestr y gegin – ie, tŷ Heulwen roedd hi'n ei hoffi. Byddai'n mynd yno pan oedd yn blentyn i nôl Ifor, un o frodyr iau ei mam, pan fyddai hwnnw'n mynd i chwarae efo Huw. Roedd hi'n cofio ogla cysurlon y lle, a'r te bach fyddai Heulwen yn ei baratoi, er mai plentyn ifanc iawn oedd hi. Cododd ei llaw ar Heulwen, ac arhosodd iddi ddod i'r drws.

'Eiri, sut wyt ti ers talwm? Ddoi di mewn am baned?' Roedd potyn o fêl yn ei llaw, a bag papur yn y llall. Stwffiodd y potyn i'r bag a'i estyn i Eiri. 'Mêl 'leni, yli. Sut ydach chi acw? Dydw i ddim wedi dy weld di na'r plant ers dwn i'm pryd, neu 'mod i wedi gweld y plant a heb eu nabod nhw, yndê. Wyt ti'n brysur, Eiri?'

'Sud ydach chi, Heulwen? Ydan, 'dan ni'n iawn, chi. Dwi ar fai na faswn i'n dod i fyny am dro.'

'Twt, hidia befo, dwyt ti'n brysur, Eiri fach, a digon ar dy ddwylo, mwn. At Mrs Jones wyt ti'n mynd?'

'Ia, dim ond am awran fach. Does yna fawr o waith llnau yno, ond mae hi'n licio cwmpeini.'

'Siŵr iawn. Deud i mi...' Arhosodd Heulwen ar hanner brawddeg. 'Na, hidia befo, gwell i mi beidio busnesa.'

'Be sy, Heulwen? Fedra i neud rhywbeth?'

'Wyt ti'n nabod Aneirin Roberts, Tegfan, wyt?'

'Ydw, siŵr – taid Robin, yndê? Ydi o'n iawn? Mae o mewn dipyn o oed yn tydi, bellach?'

'Ydi, sti, ond yn dechrau mynd yn reit ffwndrus mewn rhyw ffordd, yndê, ac eto mae o'n cofio rhai pethau'n iawn. Ta waeth, dydi o ddim byd i neud efo fi, ond mae golwg braidd ar y lle, a dwn i ddim, mae Robin yn ffeind sobor, ond fedar Robin ddim gneud bob dim yn na fedar?'

'Ydach chi isio i mi gael gair efo Robin? Dwi'n ei weld o reit amal, yma ac acw, mi fedra i sôn...'

'Na, well i ti beidio. Mi roedd ganddo fo rywun yn mynd yno, sti, ond ma hwnnw wedi cael digon, mae'n debyg. Ddyliwn i ddim fod wedi deud dim, Eiri... Ddyliwn i ddysgu peidio busnesa.'

Gallai Eiri weld fod y wraig wedi cymryd ati, wedi styrbio. Gwenodd arni.

'Dduda i 'run gair, Heulwen.' Ailafaelodd yn ei bag glanhau a gwthio'r potyn mêl i lawr i'w grombil. 'Diolch am y mêl, mi fydd Daf wrth ei fodd. Mi ddo i â nhw i fyny efo fi un o'r dyddia 'ma.'

Ond roedd Heulwen wedi cychwyn yn ei hôl am y drws, cyn troi,

'Ia, cofia di neud, rŵan. Dewch i gael te efo fi, Eiri.'

11 Ffridd Uchaf

EISTEDDAI DELYTH WRTH ffenestr y gegin, y gwydr teilchion wedi ei lapio mewn papur newydd, yno ar ymyl y sinc, wedi ei adael i'w hatgoffa, efallai – fel petai hi angen cael ei hatgoffa. Cydiodd yn y papur a'r gwydr, bron nad oedd awydd arni i'w wasgu, dim ond i edrych a fyddai'r ymylon miniog yn gwthio'u ffordd trwy'r papur ac i'w chroen. Roedd ganddi gur yn ei phen, a blas metalig yn ei cheg. Neithiwr, roedd y gwin rhad wedi codi pwys arni yn y diwedd. Roedd hi wedi cychwyn am y grisiau, y gwydr yn ei llaw, ac er iddi syllu am hir i mewn i waelod y gwydryn gwag, doedd dim byd wedi newid.

'Be weli di yng ngwaelod y gwydr yna, Del?' Roedd y chwerthin yn llais Craig wedi ei chynddeiriogi gymaint nes iddi hyrddio'r gwydr ar y llawr, ac i'r darnau gwydr wasgaru'n un gawod oer, miniog ar hyd y brithwaith o deils, a setlo'n llwch disglair yn y craciau.

Arni hi roedd y bai. Roedd hi wedi mynnu herio Craig, ei gyhuddo o fynd y tu ôl i'w chefn yn busnesa yn ei bywyd, dweud nad oedd ganddo hawl i roi neges i neb drosti a chanslo'r cyfarfod efo'r feithrinfa, a hithau wedi meddwl cael mynd allan o'r tŷ am fore bob yn hyn a hyn.

'Ond ti'n gwybod mai blino wnei di, Del.' Roedd Craig mor gall, mor rhesymol, roedd fel petai ei rhesymu hi i gyd o chwith. 'Dwi'n dy nabod di yn dydw, Del? Mi fyddi di wedi

gor-neud pethau eto, ac wedyn mi ei di i lawr, fel o'r blaen…
A ph'run bynnag, rhwng y dadbacio a bob dim mae gen ti
ddigon i'w wneud, yn does? Does dim angen i ti fynd allan i
weithio, dwi'n dod â chyflog iawn i mewn rŵan, dydw? Pan
fyddi di'n ddigon cry, mi fedri di fynd i chwilio am waith, os
mai dyna be wyt ti isio neud.'

Fyddai Craig ddim wedi agor potel o gwbl petai hi heb fod
mor afresymol.

'Ond mi fedrwn wneud gyda chydig bach mwy o incwm
yn gallwn? Mae Steff yn tyfu ac angen sgidie ac ati, a… wel,
fedra i ddim aros adre'n gwneud dim byd am byth.' Nid dyna
oedd yr amser i ddweud bod Steff wedi colli ei git chwaraeon
eto, a bod angen trenyrs newydd arno. Byddai'n rhaid dewis
amser arall.

Roedd Craig wedi estyn am y botel, a'r gwydrau.

'Blydi hel! Tasat ti ddim wedi hitio'r blydi car, mi fasa hynny
wedi arbed rhai cannoedd i ni. Ti sy'n dweud o hyd fod pob
dim ti'n gyffwrdd yn mynd yn llanast. Jyst aros adra am sbel,
ia, Delyth? Dwi'n mynd i gael glasied. Mi fasa dod adre o'r
gwaith i dawelwch yn braf, sti. Jyst un sgwrs efo chdi a dwi
angen gwin. A be bynnag, be fedri di gynnig i gyflogwr efo'r
cymwysterau sy gen ti? Be gest ti yn dy lefel O, atgoffa fi,
Del…?'

Craig agorodd y botel gyntaf, ond hi agorodd y poteli
eraill.

Aeth â'r papur newydd, y gwydr, a'r poteli allan i'r bìn.
Byddai'n rhaid iddi sgubo eto a golchi'r teils, rhag ofn fod yna
sgyrion ar ôl ar hyd y llawr, ac i Steff gael un yn ei droed.
Cododd y mat yn ofalus, a'i gario allan i'r cefn i'w ysgwyd.
Roedd y niwl yn chwythu i mewn o'r môr a sŵn y gwylanod
uwch y clogwyni'n mynd trwy'i phen. Beth oedd arnyn nhw

bore 'ma? Oedd hi am storm? Cofiai ddywediadau Bet – os oedd gwylanod yn hel, roedden nhw'n ei heglu hi o'r glannau cyn i'r ddrycin eu dal nhw. Ai dyna oedd yn eu poeni nhw? Beth bynnag oedd y rheswm, roedd eu sŵn yn clecian trwy'i phenglog a brysiodd yn ei hôl am y drws.

'Bore da.'

Trodd Delyth yn ei hôl a chraffu am y gwrych rhwng ei chartref hi a'r tŷ drws nesa. Roedd rhywun yno'n aros.

'Bore annifyr braidd.'

'Ydi.'

Bore uffernol. Ond doedd hon, yn fwy na neb arall, angen gwybod hynny.

'Eiri dwi, 'di dod i llnau i Mrs Jones drws nesa ydw i.'

Camodd Delyth yn ôl, y mat o'i blaen fel tarian.

'Dach chi wedi ei gweld hi heddiw? Doedd hi ddim yn dda wythnos diwetha. Mi ddeudodd ei bod am fynd i'r syrjeri, dwn i ddim os aeth hi, a dydi'r gofalwyr ddim wedi sôn dim nad ydi hi yna, a dw inna wedi anghofio'r goriad...'

Symudodd Eiri at y drws eto, plygodd at y twll llythyrau a dechrau gweiddi trwyddo.

'Dwi'n methu ei chael hi i'r drws, ylwch.'

Safodd Delyth yno am y gwrych a'r wraig, ac yn sydyn sylweddolodd nad oedd hi'n gwybod pwy oedd yn byw drws nesa. Roedd Craig wedi rhoi cnoc ar y drws i gyflwyno ei hun, mae'n debyg, ond os cofiai'n iawn doedd o ddim wedi llwyddo i gael neb i'r drws. Tybed ai Mrs Jones oedd y ddynes honno oedd wedi pasio rhyw ddiwrnod pan oedd hi a Craig wrthi'n clirio'r ardd? Doedd hi ddim wedi siarad efo honno chwaith. Damia'r diawliaid gwylanod yna, a damia hon, ond fedrai hi ddim rhuthro yn ei hôl i'r tŷ heb ddweud rhywbeth.

'Dynes dal ydi hi, gwallt byr, byr, eitha modern?'

'Na, pyrm. Mae'n cael ei neud o unwaith yr wythnos yn Soffisticut yn dre. Cael tacsi i fynd â hi yno.'

Edrychodd Delyth arni, y ddynes yma a'i bag glanhau yn ei llaw. Doedd ddiawl o bwys ganddi hi petai gan Mrs Jones wallt mohican! Roedd hi wir angen bod o sŵn y gwylanod yma. Roedd y ddynes wedi dod yn nes, ac yn edrych arni, ei phen ar dro.

'Heulwen wyt ti'n feddwl?' Mae'n rhaid ei bod wedi sylweddoli o weld Delyth nad oedd angen parchusrwydd y 'chi'. 'Ia, siŵr braidd mai Heulwen wyt ti'n feddwl, mae hi'n dal ac yn edrych reit dda am ei hoed. Ma hi'n byw yn rhif 5, yn yr hen res, lawr yn fan'na. Wyt ti'n newydd yma, dwyt?'

Nodiodd Delyth, a chychwyn yn ei hôl am y drws.

'Sgen ti step-ladyr, neu ysgol ne rwbath ga' i fenthyg, neu stôl fasa'n gneud? Mi fedra i fynd rownd i'r cefn ond mae yna glicied o'r tu mewn ar ddrws yr iard, a fedra i ddim cyrraedd.'

Roedd Eiri wedi croesi trwy'r giât fach derfyn yn barod ac yn brasgamu i fyny at ddrws ffrynt ei thŷ, cyn i Delyth fedru meddwl beth i'w wneud. Gwthiodd Eiri yn ei blaen am y cyntedd, edrychodd ar y poteli gwag ar lawr yn aros i gael eu codi, a throdd at Delyth.

'Noson fawr neithiwr? Sori i dy styrbio di, ond well i ni drio mynd mewn drws nesa dwi'n meddwl, rhag ofn.'

Sylwodd Delyth ar y 'ni' erbyn hyn. Roedd hithau bellach yn rhan o hyn felly.

Cododd un o'r stolion cegin newydd, oedd yn ffitio'n daclus o dan y cownter. Siawns na fyddai honno'n ddigon uchel, ac aeth allan yn ei hôl a rownd i gefn y tŷ efo Eiri'n arwain y ffordd. Gosododd y ddwy'r stôl i bwyso yn erbyn y drws a dringodd Eiri arni. Plygodd drosodd, gan hongian yno ar ei bol ar y drws, ei braich wedi ymestyn cyn belled ag y gallai.

Yn sydyn rhoddodd y drws lam yn ei flaen a chiciodd Eiri'r stôl nes roedd honno'n drybowndian ar y pafin. Rhoddodd Eiri waedd, yno'n hongian ar ben y drws, a rhuthrodd Delyth i geisio gafael yn ei choesau. Yn araf crafangodd Eiri i lawr, a safodd y ddwy yno'n chwithig.

'Blydi hel, glywest ti glec? Dwi'n siŵr 'mod i wedi torri un o'n asenna!' gwingodd Eiri, cyn symud yn ei blaen at y drws cefn.

'Ty'd.' Rhoddodd Eiri dro i ddwrn y drws cefn ac agorodd yn rhwydd. 'Iw-hŵ, Mrs Jones, ydach chi yna?'

O grombil y tŷ clywodd y ddwy yr ateb.

'Nefi, nathoch chi'n dychryn ni rŵan.' Rhuthrodd Eiri yn ei blaen tua'r parlwr ffrynt, a sylwodd Delyth ar y gegin daclus, foel. 'Dwi wedi dod â rhywun efo fi i'ch cyfarfod chi heddiw.'

Gwenodd Delyth ar yr hen wraig yn y gadair, cyn troi yn ei hôl am allan.

'Hi sy drws nesa i chi, Mrs Jones.' Ond roedd Delyth wedi mynd. 'Hogan neis, chi, jyst braidd yn swil, a dwn i ddim be 'di henw hi na dim.'

Cododd Delyth y stôl a'i chario'n ôl i'r tŷ. Sylwodd yn syth fod sgriffiadau ar y crôm. Byddai'n gosod honno ym mhen pella'r cownter, i wynebu'r wal.

Ysgol Glan Morfa

'IA, HWNNA YDI bag Steff. Diolch i ti, Siw.'
Roedd Craig wedi agor y bag a chodi'r dillad allan bob yn un. Roedd y styds yn faw i gyd, a rhoddodd nhw'n eu holau'n frysiog, ond gwelodd fod Siw y derbynnydd wedi eu gweld, ac yn gwenu.

'Hogia, hy! Be wnawn ni efo nhw? Dim parch at bethau'r oes yma,' chwarddodd yn anesmwyth, a chau sip y bag.

'O paid â dechra! Tasat ti'n gweld golwg ar sgidia Meical bore 'ma, ac mae hwnnw'n gadael ei gôt yn rwla dragwyddol.' Eisteddodd Siw yn ei hôl y tu ôl i'r ddesg. 'Ond gwranda arnon ni, fel tasan ni wedi bod yn angylion, yndê. Ydi Steff yn setlo'n iawn yma?'

'Wrth ei fodd, diolch.'

Canodd y gloch.

'Reit, 'nôl â fi, gwers efo set 3, Blwyddyn 8 rŵan.'

Cododd Siw ei haeliau, a rhoi nòd fach gydymdeimladol. Roedd y ffôn yn canu eto.

Cododd Craig y bag a'i daro ar ei ysgwydd, brysiodd am y gampfa, lle gallai glywed sgrechfeydd ac udo'i ddosbarth nesaf yn drybowndian o amgylch y waliau uchel.

'Reit, pawb yn barod? Treining pêl-droed heddiw. Chi yn fan'na, ewch i nôl y côns, a titha i nôl y peli, reit sydyn, a'r festia, pwy ddaw â'r rheiny?'

Gwyliodd, gyda boddhad, y bechgyn yn sgrialu i ufuddhau,

yn awyddus i adael y bedair wal a chael awren allan ar y caeau uwchben y traeth. Ond roedd wastad un neu ddau wrth gwrs.

'Ia?' Trodd oddi wrth y bachgen. Doedd ganddo ddim awydd clywed yr esgus arferol.

''Di anghofio cit fi, syr.'

'Fi 'fyd, syr.'

Safai'r ddau, un yn hwfflad o foi, ei grys yn dynn dros ei floneg, ei drowsus rhy fyr yn cael trafferth i ymestyn o gwmpas ei fol. A'r llall yn gwbl groes, yn fain a di-raen, jersi ysgol wanllyd ei lliw yn hongian oddi ar ffrâm oedd wedi tyfu'n rhy gyflym, ei wyneb yn frith o blorod, ei lygaid yn methu â chodi oddi wrth ei esgidiau a fu'n ddu unwaith. Teimlai Craig ei wrychyn yn codi. Ceisiodd ei reoli. Roedd yn rhaid iddo ei reoli, roedd drws y gampfa ar agor a gallai glywed pobl yn pasio ar hyd y coridor. Mewn fflach roedd ei synhwyrau'n effro i gyd, ogla'r gampfa'n llenwi ei ffroenau, ogla chwys traed yn gymysg ag ogla rwber y matiau gymnasteg, y sŵn eco rhyfedd yn suo o'i gwmpas a'r ddau yma'n siglo o un droed i'r llall, y mwyaf o'r ddau yn syllu arno, yn methu â dirnad symudiadau'r athro newydd hwn. Doedd o ddim fel yr hen athro. Mi fyddai hwnnw wedi taflu hen drowsus jogio atyn nhw a dweud wrthyn nhw am ddod i helpu efo'r offer – hawdd. Ond roedd rhywbeth am wyneb hwn yn anesmwytho, rhywbeth na fedren nhw ei ddirnad. Cododd y lleiaf ei ben yn sydyn, a chymryd cip ar wyneb yr athro newydd. Roedd o'n adnabod yr olwg yna yn ei lygaid, roedd o wedi gweld golwg fel yna o'r blaen. Cymerodd gam yn ei ôl.

'Iawn, ewch at y gofalwr i nôl bag bìn. Gewch chi godi llanast o'r cae.'

Roedd Robin allan ar y cae yn clirio. Teimlodd unwaith

eto ymyl yr amlen ym mhoced ei grys gwaith. Nid oedd yn siŵr a oedd angen llythyr ymddiswyddiad, neu a fyddai gair yn ddigon. Ond roedd yn rhaid iddo fynd. Roedd dros ei ddeg ar hugain ac os nad âi o Lan Morfa nawr, yna yma y byddai, yn clirio pecynnau brechdanau plant yr ysgol am byth, ac yn diffodd goleuadau ar ôl i'r athrawon fynd adre. Byddai'n danfon gair at ei fam hefyd, i ddweud wrthi bod angen iddi hi feddwl am ddyfodol ei thad. Tybed fedrai godi ei bac a mynd – a dyna fo? Byddai'n rhaid iddyn nhw ddod adre wedyn.

Gwyliodd Robin y ddau fachgen yn symud tuag ato, y bagiau bìn du yn hofran fel dau gysgod y tu ôl iddyn nhw. Gwenodd. Doedd y ddau yma ddim am aros o fewn golwg i'r athro, wrth gwrs. Mynd am smôc efallai i lawr at y ffos oedd rhwng terfyn y cae a'r traeth. Doedd yna fawr o waith clirio ar y cae, roedd o wedi bod wrthi'n codi hynny o lanast oedd yna. A ph'run bynnag roedd y giatiau ar gau yn ystod y min nosau felly fyddai neb yn gallu dod i mewn, a'r ffens uchel oedd rhwng y cae a'r traeth yn cadw unrhyw lanast rhag hedfan drosodd i'r tir gwyrdd. Sylwodd fod y giât derfyn ar agor. Mae'n debyg fod rhywun wedi mynd i'r traeth felly, dosbarth Miss Gwinnel, mae'n debyg. Doedd hi ddim fel pawb arall. Hi oedd yr unig un oedd wedi gwirioni ar gael ysgol mor agos at y traeth, ac yn mynnu mynd â'r plant yno i ddangos rhywbeth bron bob dydd. Gwyddai ei bod wedi cael rhybudd ar y dechrau gan y pennaeth, ond wnaeth hynny ddim gwahaniaeth i Miss Gwinnel, dim ond agor ei llygaid yn fwy, a chodi ei haeliau fel petai hi ddim am drafferthu ateb y fath dwptra, dim ond sibrwd,

'Mae'r ysgol ar y traeth.'

Doedd pryder y pennaeth am gyflawni gwaith cwrs, a pharatoi am arholiadau, yn ddim ond pryderon bach i'w hel o'r neilltu fel pryfaid ganol ha'. Gyda chymysgedd o dosturi, cenfigen ac edmygedd, byddai ambell un arall o'r athrawon yn ei gwylio'n llamu ar draws y cae, y pibydd brith a'i bag lledr anferth dros ei hysgwydd, a'r plant yn haid o'i chwmpas.

'Dach chi am ddod efo fi i hel dipyn o'r stwff yna sy'n sownd wrth y ffens 'ta, hogia?'

Gadawodd Robin y ferfa ar ymyl y llwybr.

Gwthiodd Bach ei ffag i mewn i'r pridd tywodlyd, a neidiodd ar ei draed. Codi'n hamddenol wnaeth y llall, gan ddiolch mai Robin oedd wedi dod i chwilio amdanyn nhw ac nid yr athro chwaraeon. Dilynodd y ddau ar sodlau Robin trwy'r giât, ac i'r traeth. Ar waelod y ffens roedd casgliad o fagiau a rhaffau a darnau o fwcedi plastig, ambell hosan, darn o gynhwysydd aliwminiwn a'r saim wedi dal y golosg ar ei waelod, sandal â'i phinc yn od o lachar yn erbyn llwydni'r llanast arall, caniau cwrw a bocsys o chŵd y diafol ei hun yn bolysteirin melyn.

'Sbïwch, syr!' Cododd Bach ddarn o handlen blastig fu'n ddarn o ges teithio rhyw dro.

Gwenodd Robin. Roedd pawb yn 'syr' gan hwn.

'Lle gawn ni fynd 'ta?' chwarddodd Mawr, a bu'r ddau'n difyrru ei gilydd, yn awgrymu llefydd i fynd ar eu gwyliau.

''Di o'm bwys, nadi, jest gad i ni fynd i rwla o'r dymp yma, 'de mêt!' Rhoddodd Bach hyrddiad i'r handlen, nes roedd hi'n drybowndian ar hyd y cerrig. Ochneidiodd Robin, ond gwyddai fod y ddau yn ei ddilyn tuag at y pwll lle'r oedd yr handlen wedi glanio ac yn sticio allan o'r dŵr.

Cododd yr handlen, a'i rhoi yn y bag bìn, efo gweddill y llanast.

Eisteddodd Robin am funud, a theimlodd y ddau yn llonyddu wrth ei ymyl.

'Ma'r môr ar ei gynhesa rŵan ylwch, ar ddiwedd yr ha' fel

hyn. Camwch yn ôl a pheidiwch â gadael i'ch cysgod ddod dros y pwll, a chadwch yn llonydd am funud i weld be ddaw i'r golwg.'

Synhwyrodd Robin anadlu'r ddau yn arafu, eu cyrff yn ymlacio rhywle ar y cerrig y tu ôl iddo. Am funud synnodd at lonyddwch y ddau, heb y giglo a'r ffidlan parhaus a ddeuai efo hogiau fel y rhain fel arfer. Uwch eu pennau ar y caeau chwarae gallai gywed y gweiddi a'r taeru a'r chwiban, ond yno ar y traeth doedd dim ond sŵn llithro'r llanw ar hyd y swnd a'r twmpathau gwymon.

'Dacw fo, ylwch, cranc y glanna.'

Gwyliodd y cranc yn mentro'n amheus allan oddi tan y garreg, ac ar draws gwely'r pwll, ei liw brith yn ei guddio yng nghanol y cregyn a'r cysgodion, ei symudiadau wedi eu gor-wneud bron, yn ymestyn ei grafangau'n araf. Rhoddodd Robin ei law i mewn yn y dŵr cynnes, a chodi'r cranc i'r wyneb, ei fysedd yn cau'n gadarn am gorff caled y creadur.

''Ma fo! Mi eith o'r golwg wedyn, a welwn ni mohono fo. Ti isio gafael ynddo fo?'

Trodd at Bach, a rhoddodd hwnnw nòd, cyn copïo ystum bysedd Robin. Daliodd y cranc uwchben y pwll, a hwnnw a'i goesau'n chwifio'n fecanyddol. Syllodd arno, y crafangau o fewn modfeddi i'w drwyn. Gallai Robin weld y rhyfeddod ar wyneb y bachgen, y llygaid yn archwilio'r cymalau bregus bob yn un, cyn plygu ar ei liniau i osod y cranc yn ei ôl ar waelod y pwll.

'Sori, mêt, rois i o'n ôl. 'Di o'm yn licio bod allan, yn nadi?'

''Di o'm bwys,' meddai Mawr. 'Do'n i'm isio gafal ynddo fo, sti,' ei sylw eisoes ar rywbeth arall ym mhen pella'r traeth.

'Braf arno fo, dydi, cael mynd i guddio yn fan'na trw dydd.' Trodd Bach at Robin a'i ben ar osgo. 'Ddaru Miss Gwinnel ddeud fod ei sgelityn o ar ochr allan ei corff o, yn do? Syniad da – fatha armyrd tanc, neb yn gallu brifo tu mewn iddo fo, nag oes?'

'Sbia, mae yna un arall yn fan'na, un orenj.' Cododd Mawr ymyl cragen efo blaen ei droed. 'Ond ma 'di marw, yli.'

Aeth Bach ar ei liniau ar y tywod.

'Paid â malu fo efo dy draed, ella allwn ni safio fo.' Cododd y gragen a'i rhoi yn y dŵr.

'Na, dim ond cragen wag ydi honna,' meddai Robin. 'Mae'r cranc wedi tyfu allan ohoni mae'n debyg. Maen nhw'n tyfu cragen newydd, dydyn, unwaith mae'r hen un yn mynd rhy fach. Wedyn rhaid iddyn nhw aros i'r gragen newydd galedu cyn dod allan eto, felly mae'r cranc fuodd yn byw yn honna wedi ei gluo hi i rwla arall erbyn hyn.'

Trodd Robin i ffwrdd wrth weld yr olwg ddryslyd ar wyneb Bach. Roedd o'n deall rywsut pam na esboniodd Miss Gwinnel hynny iddo.

Petai ganddyn nhw trwy'r pnawn i aros ar y traeth, mi fasan nhw wedi cael gafael ar granc meddal, meddyliodd Robin, y cranc hwnnw oedd angen cragen creadur arall yn gartref ac amddiffynfa. Pethau brau ydi crancod hefyd.

'Reit, ma'r gloch ar fin canu hogia, awn ni, ia?'

Rhoddodd Robin y bagiau bìn yn y ferfa, a gwyliodd y ddau'n mynd linc-di-lonc draw at y pêl-droedwyr, pawb wedi cael chwythu eu plwc am chydig eto. Cododd ei law ar Craig, dim ond i wneud yn siŵr ei fod wedi deall lle'r oedd y ddau sgeifiwr, ond wnaeth hwnnw ddim cydnabod ei fod wedi ei weld chwaith. Rhwng hyn a'r llall, chafodd Robin ddim cyfle i roi cnoc ar ddrws y pennaeth, na gadael y llythyr ymddiswyddiad ar y ddesg.

5 Ffridd Uchaf

PETH OFNADWY YDI bod heb ddim byd i'w wneud. Dyna ofn mwyaf Heulwen, ac roedd heddiw yn argoeli i fod yn un o'r dyddiau hynny nad oedd ganddi affliw o syniad sut i dreulio'r diwrnod ar ei hyd. Fe allai wrth gwrs fynd trwy ddrôrs, a lluchio, ond roedd haul Mihangel yn ei denu hi allan o'r tŷ. Cododd ei phwrs ac aeth draw at geg y ffordd. Gwyliodd y bws oedd yn mynd draw am Dyffryn yn aros, aeth i fyny'r grisiau ac eistedd yn un o'r seddi yn y tu blaen, nid i'r un oedd wedi ei neilltuo i'r henoed a'r musgrell wrth gwrs, er y gallai gyfiawnhau hynny, a hithau ymhell dros oed yr addewid.

Ochneidiodd y bws a dringo ymhellach oddi wrth gysgod y Graig Fain. Roedd y cloddiau'n cau am y ffordd, a'r bws yn gorfod aros yn aml i adael i gar neu lori fynd heibio. Roedd Heulwen eisiau dweud wrth y gyrrwr am gymryd pwyll, yn lle fod yn rhaid iddo frecio mor hegar bob tro. Ond doedd hi ddim am dynnu'r dyn i'w phen, a doedd hi erioed wedi dreifio bws, felly beth wyddai hi am pa mor hegar oedd rhaid brecio er mwyn i'r bws stopio mewn pryd. Dysgu pader i berson – dyna fyddai ei mam wedi'i ddweud. Mi fyddai Heulwen yn cael ei chyhuddo o wneud hynny'n aml gan ei mam. Ei mam oedd y greal ar fagu plant, hi oedd yn gwybod, a phob un o ymdrechion Heulwen yn ddiffygiol. Cofiai Heulwen fel y bu iddi drio esbonio pam ei bod yn meddwl y dylia Huw gael mynd yn ei flaen i goleg, os mai dyna oedd o eisiau ei wneud, yn lle mynd at frawd ei daid i ffarmio Llwyn-piod.

I'r coleg aeth Huw, a ddaeth o ddim yn ei ôl, a'i mam yn edliw i Heulwen o hyd mai hi anfonodd o i ffwrdd. Petai o wedi aros yn was ffarm, fel yr oedd hi am iddo wneud, byddai wedi cael Llwyn-piod ar ôl ei hen ddewyrth, a byddai yno'n gwmpeini iddyn nhw wedyn.

Stopiodd y bws, a chamodd Heulwen allan i ymyl y ffordd. Gwenodd y gyrrwr.

'Fydda i'n pasio'n ôl trwy'r Dyffryn toc cyn dau, ond gwatsiwch y tro yn fan'na, hen dro peryg.'

Nodiodd Heulwen. Fe wyddai am y tro yn y ffordd. Roedd Heulwen yn falch na wnaeth hi ofyn i'r gyrrwr am yrru'n arafach, roedd o'n hen foi clên. Diolchodd iddo ac aros i'r mwg o din y bws glirio a chroesodd y ffordd. Roedd yr un glwyd yno, un fawr haearn, ond bod clicied newydd arni, un gadarn, wedi ei weldio'n daclus. Sylwodd hefyd ar yr arwydd 'Llwyn-piod Pottery – Open', a'r stand laeth yn drwm o botiau blodau – blodau tawel, tlws. Nododd Heulwen nad oedd yna'r un begonia â'i liw 'dangos ei hun' yn agos at y potiau. Roedd hynny'n ei phlesio – nid lle felly oedd Llwyn-piod.

Cerddodd i fyny'r allt tuag at y tŷ, a throdd yn ei hôl i gymryd cip ar y cwm oddi tani – y dolydd yn wyrdd a'r afon yn dolennu'n ddiog i lawr tua'r drefa'r môr. Tybed fyddai pethau wedi bod yn well ar Huw petai wedi aros yma i ffermio, yn lle mynd i lawr i Gaerdydd? Roedd o i'w weld yn ddigon hapus yno, yn gweithio mewn swyddfa cyfrifydd, ei wraig ac yntau'n gyffyrddus eu byd. Pwy a ŵyr beth oedd orau i rywun? Wyddai hi ddim, ac mae'n debyg na wyddai yntau chwaith. Rhagluniaeth oedd o, oedd yn peri i bethau fod fel roedden nhw, felly byddai ei thad yn ceisio ei chysuro. Doedd y ffaith i 'dad y bachgen', fel byddai ei thad yn galw Wyn, ei heglu hi toc wedi i Huw gael ei eni, yn ddim i'w wneud â haeddiant na dim felly. Roedd y pethau yma wedi eu mapio yn rhywle yn barod – *Rhagluniaeth fawr y nef, mor rhyfedd yw, esboniad helaeth hon o arfaeth Duw*. Felly doedd waeth i Heulwen heb â thrio pendroni beth fyddai wedi digwydd petai hi wedi gwneud pethau'n wahanol, wedi cytuno i godi ei phac hi a'r plentyn, a mynd efo Wyn i ben draw'r byd. Doedd dim bai arni hi, meddai ei thad, yn dyner, resymegol fel bob amser. Ond cofiai fel y safai ei mam wrth ddrws y gegin yn gwrando, bron â marw eisiau dweud yn wahanol.

Mae'n gwylio llwch y llawr, mae'n trefnu lluoedd nef, cyflawna'r cwbwl oll o'i gyngor ef.

Roedd Heulwen yn genfigennus o bobl oedd â ffydd, oedd yn gallu gweddïo, a chredu y byddai Duw yno'n gwrando. Falle fod Duw ei rhieni yn gallu trefnu lluoedd nef, ond fuodd o erioed yn llawer o help i drefnu dim yn ei bywyd hi. Daeth rhyw dristwch sydyn drosti, a thynnodd ei geiriau yn ôl. Ddylai hi ddim meddwl felly am Dduw, o barch at ei thad, ei chraig.

Trodd ei chefn at y ffordd a'r tro peryglus. Waeth iddi heb â hel meddyliau am hynny chwaith. Damwain oedd hi, damwain erchyll, ac roedd bron i ddeugain mlynedd wedi pasio ers hynny, ond doedd Wyn ddim yn y car efo Sel y noson honno, y ddau efaill oedd yn hen lawiau, ym mhob helynt efo'i gilydd, ond dod yn ei ôl at Wyn roedd Sel ar noson y ddamwain, eisiau dod yn ei ôl at ei frawd i Lan Morfa cyn stop tap. Fe fu sibrydion fod un arall yn y car y noson honno hefyd, ond ddaeth y stori ddim allan yn iawn. Pan gyrhaeddodd yr heddlu'r ddamwain, roedd Sel yn sefyll yn syn yn y ffordd. Roedd o wedi cael cnoc i'w ben ac yn ddryslyd, ond mi ddaeth trwyddi. Ond nid felly'r ddau yn y car arall, dim ond un ddaeth o'r cwlwm cymhleth o fetel yn fyw. Plentyn bach oedd o, neu hi. Fedrai Heulwen ddim cofio bellach. Roedd hi wedi cau'r holl beth o'i meddwl. Welodd hi mo Wyn ar ôl hynny, aeth yn ei ôl i'r fyddin. Roedd hi eisoes wedi gwneud yn glir nad oedd ganddi hi na Huw mo'i angen. Roedden nhw'n iawn hebddo.

Fu'r achos yn erbyn Sel ddim yn hir. Fe gafodd garchar, wrth gwrs. Wedi'r cwbwl, ar y ffordd yn ôl o bnawn yn yfed yn y dref oedd o, ac wedi methu cael pàs gan neb. Roedd goriadau'r Capri yn teimlo'n drwm a sicr ym mhoced ei gôt ledr. Fe allai o yrru, wrth gwrs y gallai o. Doedd ambell beint ddim yn gwneud unrhyw wahaniaeth i'w allu i lywio'r car yn ôl ar hyd y ffordd droellog uwchben y môr ac am Lan Morfa. Roedd o wedi gwneud hynny ddegau o weithiau'n ddidrafferth, a doedd dim rheswm ar noson braf fel honno na fyddai'n ei ôl efo Wyn yn y Bedol cyn stop tap am hanner awr wedi deg.

Cerddodd Heulwen yn ei blaen at ddrws Llwyn-piod Roedd arwydd bach yno'n dweud bod croeso iddi fynd mewn 'and have a look around'. Doedd fawr wedi newid o beth gofiai hi am y tŷ. Sylwodd yn syth fod y perchnogion wedi dewis gadael y tu allan bron yn union fel y bu, yr un ardd fach efo'r crawia yn derfyn, yr un drws ffrynt, ond fod ôl patsio wedi bod, yr un glicied, lle'r oedd angen pwyso eich bawd arni, ond fod hon yn sgi-wiff, ac roedd angen pwyso mymryn i'r chwith, cyn i'r glicied tu mewn godi.

Agorodd y drws, a chamu i mewn i'r gwyll. Roedd y palis pren i'r dde o'r drws ffrynt wedi ei beintio, a'r paent yn gwisgo yma ac acw. Yn reddfol, cymerodd gip yr ochr arall i'r palis, ac yno fel o'r blaen roedd y bwrdd. Nid yr un bwrdd, ond un digon tebyg, ac arno jwg potyn a'i lond o flodau gwyllt. Yn araf, cynefinodd ei llygaid â'r tywyllwch. Craffodd tua'r lle tân, lle'r oedd yr un hen Rayburn felen, a'r staeniau brown o amgylch y drws. Bron na allai Heulwen arogli'r pwdin yn ffrwtian. I'r chwith roedd bwrdd isel yn llawn o jygiau a phlatiau potyn, mygiau a bowlenni, ac ambell i gwpan â choes hir iddi, fel cwpan dewin mewn stori tylwyth teg. Cododd Heulwen un, a'i rhoi yn ei hôl yn sydyn. Roedd y pris yn wirion! Gallai gael set gyfan o lestri te am bris un o'r rhain. Cododd un o'r cardiau cyfarch o'r stand. Ella y byddai'r rhain yn fwy rhesymol, mae'n debyg y byddai'n rhaid iddi brynu rhywbeth, wedi'r cyfan. Craffodd ar y cerdyn. Roedd o'n un digon tlws, llun dyfrlliw o flodau tyddyn, byddai'n dod yn handi i'w anfon at rywun, mae'n debyg. Chwiliodd yn ei phwrs am newid mân.

'Hello, welcome to Llwyn-piod.'

Daeth y wraig trwy'r drws o'r gegin gefn, a sylwodd Heulwen, ychydig yn siomedig efallai, fod ei ynganiad o'r enw'n berffaith. Doedd hi ddim wedi disgwyl i rywun dieithr fedru dweud yr 'll' mor glir, yn arbennig rhywun oedd mor ddieithr â hon, gyda'i sgert laes a'i gwallt brith yn gudynnau hir dros y jersi wlân. Edrychodd y wraig arni, a'i hwyneb yn troi at olau'r drws, fel llyfr heb ei agor, heb wenu, ond heb fod yn surbwch chwaith, wyneb agored, heb ddatgelu dim.

'Diolch.' Trodd Heulwen i'w hwynebu. 'You have a fine collection here. Are they made at Llwyn-piod?'

'Ydyn. Rwy'n gwneud popeth yma. Mae gen i *kiln*.'

Nodiodd Heulwen a gwenu. Dysgwraig, un o'r rhai hynny oedd wedi dod i chwilio am dawelwch yng nghefn gwlad y gorllewin, gan fod pethau wedi mynd ar chwâl, mae'n debyg, yn lle bynnag roedden nhw cynt.

'Ers pryd rydach chi yma?' Ond anwybyddodd y wraig hi,

a throdd yn ei hôl am y cefn, cyn dod yn ei hôl eto gyda'i phaned.

'Wnest ti gerdded o'r gwaelod? 'Nes i ddim clywed sŵn car.'

Nodiodd Heulwen.

'Ar y bws o waelod y ffordd.'

'Pam?'

'Mae'n ddrwg gen i?'

'Pam 'nest ti ddod 'nôl yma?'

Doedd Heulwen ddim yn siŵr a oedd hi wedi ei chlywed yn iawn – roedd hi wedi symud y gadair ar yr un pryd, nes roedd y coesau wedi crafu'n swnllyd ar y crawia. Oedd hon wedi gofyn a oedd hi wedi dod yn ei hôl yma?

'Dydw i ddim wedi bod yma o'r blaen.'

'Chi wedi bod yn Llwyn-piod.'

Cwestiwn neu osodiad? Fedrai Heulwen ddim bod yn siŵr.

Pesychodd Heulwen yn ansicr. Oedd, wrth gwrs ei bod wedi bod yma, ond roedd ei theulu wedi gadael yr hen le ers blynyddoedd. Ceisiodd feddwl – mae'n rhaid fod ugain mlynedd ers i'w dewyrth farw. Roedd cefnder iddi wedi bod yn ffermio rhywfaint wedyn, ond os deallodd yn iawn, doedd neb wedi bod yn y tŷ am sbel cyn i'r cefnder ei werthu. Mae'n rhaid mai hon oedd y 'bobol o ffwrdd' oedd wedi prynu'r hen le, a fu Heulwen ddim ar gyfyl y lle wedyn.

'Do, amser maith yn ôl, dim ers i chi ddod yma.'

Amneidiodd y wraig arni i'w dilyn i'r gegin. Doedd fawr wedi newid yno chwaith, fawr o adnewyddu, yr un ffenestr fechan, a'r tir y tu allan yn ymestyn uwchben, y gwair heb ei dorri. Bron nad oedd y golau oedd yn gwthio'n drafferthus trwy'r ffenestr yn dwyn atgof o amser a fu, i mewn gydag o.

Roedd hen gwpwrdd fformeica glas yn erbyn y wal anwastad, a'r drysau gwydr yn cuddio'r silffoedd. Rhoddodd y wraig gwpan ar y silff fformeica ac estyn y tebot.

'Paned o de?'

Pwyntiodd at y siwgr a'r jwg llefrith, ac estynnodd Heulwen am y gwpan yn falch. Roedd rhyw lonyddwch yno yn y gegin. Pwysodd y wraig yn erbyn y sinc, ei hwyneb yn dywyll yn erbyn y golau.

'Croeso,' meddai wedyn ac estyn cadair i Heulwen, a oedd yn falch o gael eistedd ar ôl cerdded yr allt.

'Jan ydw i, a dwi'n byw yma ers i fy nhad, wel, passed away. Then I came here. Mae'n braf ti'n gweld yma, ond ti'n gwybod hynna.'

Gwenodd Heulwen arni, yna cofiodd am y cerdyn.

'Ga i fynd â hwn? Mae'n dlws. Chi wnaeth ei ddarlunio?' Estynnodd yr arian iddi, ond ysgydwodd Jan ei phen,

'Na, popeth yn iawn, anrheg dod 'nôl i chi. Dwi'n hoffi gwneud nhw.'

'Dwi'n ei licio fo, mae o'n atgoffa fi o Lwyn-piod ers talwm. Yma roedd fy nain yn byw, a mi fydden ni'n dod yma'n blant efo fy nhad.'

'Siŵr, os gwelwch yn dda, eich enw eto?'

'Heulwen.'

'Ie, wrth gwrs. Wnewch chi ddod yn ôl, Heulwen?'

Wyddai Heulwen ddim sut i ateb. Pam ei bod yn meddwl y dylai wybod ei henw? Oedd hon eisiau iddi ddod yn ôl am ei bod eisiau gwybod hanes y tŷ neu'r tir? Os oedd hi, yna wyddai Heulwen fawr ddim. Doedd hi ddim wedi bod yno lawer wedi i'w nain farw, dim ond ambell dro efo'i thad i weld ei ewythr, ond doedd croeso hen lanc ddim mor wresog. Er, roedd hynny'n annheg. Roedd ei hewyrth yn brysur, yn ffermio yma ar ben ei hun, heb neb ond y cymdogion yn dod i roi help llaw ambell waith.

'Ym, ie, ydych chi am gael gwybod mwy am y lle?'

'Na, dim hynna.'

Dim esboniad. Cododd Heulwen yn ansicr. Byddai'n rhaid iddi gychwyn yn ei hôl, er roedd ganddi ddigon o amser. Ond byddai'n braf cael mynd i fyny at y garreg fawr, lle byddai'n chwarae'n blentyn. Oddi yno roedd ei thad yn taeru ei fod yn gallu gweld Iwerddon ar ddiwrnod clir, ond doedd hi wedi gweld dim ond amlinell yr Eifl dros y dŵr. Roedd ganddi frechdan yn ei bag, wedi ei lapio mewn ffoil, a'i bwriad oedd cerdded at y garreg fawr i'w bwyta, cyn mynd yn ei hôl i gwfwr y bws.

'Wnewch chi ddod eto, wythnos nesaf efallai?'

Rhoddodd Heulwen y cerdyn yn ei bag, ac aeth â'i chwpan at y sinc. Trodd Jan i'w hwynebu, lledodd y wên ar draws ei hwyneb, a sylwodd Heulwen ar y llygaid glas, glas, a'r croen bron yn dryloyw dros esgyrn y gruddiau. Roedd hi'n wraig dlos, yn parhau felly a hithau dros ei thrigain, mae'n rhaid.

'Diolch,' sibrydodd, a gwyddai y byddai'n ôl ar y bws yr wythnos ganlynol.

Tegfan

Roedd Aneirin wedi methu cysgu, ac wedi codi yng nghrombil y nos. Wyddai o ddim pryd yn union, efallai'i bod hi'n fore ond, p'run bynnag, roedd o wedi cofio nad oedd o wedi postio llythyr pwysig i rywun. Er fedrai o ddim yn ei fyw â chofio beth oedd y llythyr pwysig nac i bwy roedd i fod i'w bostio, na lle'r oedd y llythyr chwaith. Ond roedd gan Magwen focs ar ben y wardrob, yn y llofft gefn, efo papurau a dogfennau pwysig ynddo, felly mae'n rhaid mai yn hwnnw fyddai'r ateb. Yn fan'no roedd popeth o bwys.

Roedd o wedi cario'r bocs i lawr yn ofalus a'i osod ar fwrdd y gegin. Yna gwnaeth baned iddo'i hun, ond methodd ddod o hyd i'r llaeth. Fedrai ddim yn ei fyw â chofio ble dylai hwnnw fod. Roedd o wedi chwilio holl gypyrddau'r gegin.

Eisteddodd yn ei gadair, a'r bocs o'i flaen. Byddai'n mynd ati i glirio. Roedd Robin yn dweud fod yna ormod o lanast yno, felly byddai gwagio'r bocs yn gychwyn da. Tynnodd amlen lwyd allan, a'i llond o luniau, nes gwasgarodd y lluniau dros ei lin ac ar hyd y llawr – lluniau priodas a babis, lluniau ysgol, degau o luniau ysgol, dau neu dri o luniau hir ar rolyn, efo'r ysgol i gyd yno, a Magwen yn un o'r cogyddion yn ei chap net, a rhyw fachgen drygionus wedi medru rhedeg o un pen i'r rhes i'r llall, er mwyn cael bod yn y llun ddwy waith, ar y ddau ben. Gwenodd Aneirin. Dyna'r math o beth fyddai Sel a Wyn yn ei wneud, hogia drwg, ond doedd yna ddim lluniau ysgol felly pan oedden nhw eu tri yn yr ysgol, a ph'run bynnag, phasiodd yr un o'r tri'r sgolarship i fynd yn eu blaenau. Wedi gorffen eu gwasanaeth milwrol, daeth Aneirin yn ei ôl adre i weithio efo'r Cyngor, ac arhosodd y ddau efaill am sbel efo'r fyddin, gan ddod yn eu holau bob yn hyn a hyn i adrodd straeon anhygoel am goedwigoedd Borneo a strydoedd tywyll Cyprus, a mannau nad oedd yn ddim ond enwau ar y map uwchben y bwrdd bwyta.

'Rhaid i chi gael gwarcd ar y map yna, Taid,' roedd Robin wedi ei siarsio unwaith. 'Dydi hanner y gwledydd yma ddim yn bodoli rŵan, nad y'n? Sbïwch, mae Ceylon yn dal ar hwn gynnoch chi.'

'Be ti'n feddwl, does yna ddim Ceylon rŵan?'

'Nac oes.'

'I le'n byd 'r aeth hi 'ta?'

Cododd Aneirin un o'r cardiau post a ddanfonodd Wyn ato o rywle, rhyw wersyll yng nghanol Lloegr. Doedd yna fawr arno, dim ond dweud ei fod wedi cyrraedd yn saff a holi sut oedd bywyd *demob* yn ei siwtio. Rhoddodd Aneirin y cerdyn y tu ôl i'r ganhwyllbren ar y silff ben tân.

Cododd un o'r lluniau ac edrych ar ei gefn. *Brenda 1978* wedi ei ysgrifennu arno mewn llawysgrifen fach daclus. Brenda'r ferch. Cododd un arall, yr un ohoni â'i gwallt tywyll fel cwmwl cyrliog o amgylch ei phen. Craffodd arni, nes iddo fethu penderfynu os mai Brenda'r ferch yntau Magwen oedd hi. Penderfynodd roi'r llun hwnnw ar y silff ben tân hefyd, yn y canol, i bawb gael gweld mor dlws oedd Magwen pan oedd hi'n ferch ifanc. Roedd yna un arall ohono fo a Magwen yn sefyll y tu allan i'r sied yn yr ardd, y rhosod yn gefndir perffaith, y ddau â'u gwalltiau'n dywyll a'u cymalau'n sythion.

Wyddai Aneirin ddim lle'r oedd Magwen wedi mynd. Mae'n

siŵr ei bod hi wedi gorfod mynd i'w gwaith, wedi gorfod mynd i mewn yn gynnar, gan nad oedd hi yno pan gododd. Doedd hi ddim wedi cofio sôn wrtho, mae'n rhaid. Cododd Aneirin ambell un arall o'r lluniau a'r cardiau a'u gosod un dros y llall yn un rhes simsan ar hyd y silff ben tân. Caeodd y bocs, a gweddill yr wynebau'n edeuon yn plethu i greu'r storïau oedd yn cau'n gwrlid saff o'i amgylch, storïau byw a'r wynebau cyfarwydd efo fo'n ddyddiol.

Yna cofiodd am y llythyr pwysig. Roedd o angen dweud wrth Heulwen fod Sel yn ei ôl, a doedd o ddim wedi ei gweld ers blynyddoedd, byddai'n well iddo sgwennu llythyr ati felly. Roedd ganddo feiro yn ei boced yn rhywle. Tyrchodd Aneirin trwy ei bocedi, a thynnu'r papur wedi ei blygu allan o'i boced – rhestr hir o bethau, rhestr o orchmynion: *Diffodd y tân lectric i FFWRDD*. Doedd o ddim wedi rhoi'r tân ymlaen, ac wedi meddwl, roedd yna hen ias iddi. Cododd a throi'r switsh ymlaen, yna cododd y bocs a stryffaglu yn ei ôl am y grisiau. Byddai'n rhaid cadw'r bocs yn yr union fan, neu fyddai Magwen ddim yn gallu dod o hyd i bethau, ac roedd hi'n dweud y drefn o hyd os oedd pethau wedi eu cadw yn y mannau anghywir, a hithau'n methu dod o hyd iddyn nhw.

Wedi cadw'r bocs aeth allan i ben y drws a chlepiodd drws y gegin ar gau. Roedd hi'n ddiwrnod llaith, annifyr. Fedrai Aneirin ddim cofio os oedd y Nadolig wedi bod, roedd hi'n ddigon oer i fod yn ganol gaeaf. Caeodd y drws ar ei ôl. 'Cau'r drws reit handi,' roedd rhywun wedi gweiddi. Magwen, mae'n rhaid. Roedd Magwen wastad yn ei theimlo'n oer. Caeodd y drws allan, ac aeth rownd i gefn y tŷ, ac i'r sied am sbel.

Wyddai Aneirin ddim am ba hyd y bu'n y sied, dim ond clywed llais yn gweiddi arno. Pan gyrhaeddodd Robin, amser cinio, doedd ei daid ddim yno, ond roedd ogla papur yn llosgi trwy'r gegin a haenen o lwch du ar deils y lle tân. Cododd Robin rai o'r lluniau, ambell un wedi llosgi'n ulw ac yn troi'n lludw yn ei law – wynebau'n dadfeilio'n llwch llwyd ysgafn, ac ambell un arall wedi ei hanner guddio gan y düwch. Rhuthrodd Robin i ddiffodd y tân. Doedd dim llanast mawr. Doedd y gwreichion ddim wedi cyrraedd y mat, dim ond setlo ar fariau'r tân trydan a llosgi allan yn y fan honno.

'Be sy?' Ymddangosodd Aneirin wrth y drws cefn.

'Ble buoch chi, Taid?' Cydiodd yn llaw'r hen ŵr i'w arwain dros y stepiau.

'Clirio chydig 'de, yn y sied, sti. O ble doist di rŵan? Ydi Magwen wedi cyrraedd adra?'

'Dowch i'r tŷ, Taid, mae'ch dwylo chi fel rhew. Mae'n rhy oer i chi fod yn y sied rŵan chi.'

'Lle mae Magwen, d'wa'?'

'Dach chi 'di cael cinio, Taid? Neu rwbath?'

Doedd yna ddim llestri yn y sinc, dim olion bwyd, dim ond briwsion Garibaldis ar hyd y lliain bwrdd. Arweiniodd Robin ei daid i'w gadair, ac eisteddodd yr hen ŵr yn ara, ei gymalau'n gyndyn o blygu.

'Arglwy', rho'r tân ymlaen, Robin, 'nei di, neu mi fydd Magwen wedi fferru pan ddaw hi adra.'

'Chi sydd wedi oeri rŵan, allan fel'na heb gôt na dim. Be gymrwch chi i fyta, Taid?'

Brysiodd Robin i'r gegin gefn, mi fyddai'n gwneud dysglaid o Bovril a bara'n dalpia ynddo, i'w gynhesu. Ond roedd pethau'n dod i ben, gallai deimlo'r penderfyniad yn treiddio trwyddo. Rywsut roedd yn rhyddhad dweud hynny, a sylweddoli na fedrai pethau barhau fel roedden nhw, byddai'n rhaid iddo wneud rhywbeth. Roedd wedi cael gair gyda'i fam, ond dim addewid. Dweud y bydden nhw'n ôl rhyw dro, ond dim mwy na hynny. Ei gyfrifoldeb ef oedd ei daid felly. Doedd neb arall ar gael i ofalu amdano, fedrai o ddim ei adael ar ei ben ei hun, roedd hynny'n rhy beryg.

Aeth yn ei ôl at ei daid.

'Fydda i'n ôl toc, Taid. Dwi jyst am biciad adra i nôl ambell beth, a dwi'n dod atoch chi i aros dros nos.'

'Be, ydi dy fam isio mynd allan eto heno?' ochneidiodd yr hen ŵr a chodi ei ben yn ffyrnig. 'Dydi'm yn edrych ar dy ôl di'n iawn, was, yn nach'di? Sa waeth i ti ddod i fyw at Magwen a finna ddim.'

Tynnodd Robin y drws ar gau ar ei ôl.

11 Ffridd Uchaf

FYDDAI CRAIG NA Steff ddim adre am sbel. Roedd Steff wedi cytuno i fynd efo'i dad i'r ymarfer pêl-droed ar ôl yr ysgol. Roedd o wedi mynnu ei fod yn edrych ymlaen i dreulio awr allan ar y cae uwchben y traeth, gyda'i dad a gweddill y criw, yn y gwynt a'r glaw mân.

Gwyddai Delyth mai ymgais i blesio oedd hynny, gan fod Craig yn dal i edliw i Steff golli'r bag chwaraeon. Doedd taeru Steff ddim yn argyhoeddi rywsut. Ar y dechrau roedd ei mab yn mynnu mai rhywun oedd wedi dwyn y bag ac mai dyna sut y daeth i fod yn iard gefn y siop gebábs. Ond gwyddai Delyth yn wahanol, a phan soniodd Craig y byddai'n codi'r peth efo'r pennaeth, gan nad oedd yn mynd i oddef unrhyw arlliw o fwlio yn erbyn ei fab, roedd Delyth wedi gweld yr olwg honno ar wyneb Steff oedd yn ddigon i ddweud wrthi mai Steff ei hun welodd y cyfle i gael gwared ar y bag.

'Diolch i Dduw fod y boi cebábs 'na wedi ei weld o... safio ffortiwn i mi. Fedra i ddim cael mab heb git chwaraeon, a finna'n athro na fedra? Faint gostia trenyrs newydd i mi, Steff? Ond cofia di ddeud os ti'n meddwl fod rhywun am chwarae tricia fel'na arnat ti eto, iawn. Mi sortiwn ni nhw, cofia.'

Roedd Delyth wedi gwasgu Steff ati ychydig yn dynnach y bore hwnnw, cyn iddo ddilyn ei dad trwy'r drws, dim ond i ddweud wrtho am fod yn ofalus, ac i beidio bod yn rhy feiddgar. Erbyn ganol y pnawn roedd Delyth wedi hen syrffedu. Roedd wedi gorffen yr ychydig o bethau angenrheidiol roedd ganddi i'w gwneud yn y bore, ac roedd y dydd wedi ymestyn yn hir a gwag o'i blaen. Roedd hi wedi sôn y byddai'n hoffi mynd draw i edrych am Bet, gan nad oedd ganddi ddim byd arall yn galw, ond roedd Craig angen y car i fynd â llwyth o bethau i lawr i'r ysgol, felly fedrai yntau ddim gwneud heb y car heddiw. Byddai cyrraedd cartref Bet ar fws wedi cymryd trwy'r dydd iddi, felly bodlonodd ar sgwrs ffôn efo hi yn unig.

Penderfynodd gerdded i lawr am y dref. Roedd arni awydd cael torri ei gwallt, torri ychydig oddi ar ei waelod. Roedd Craig yn hoffi ei gwallt yn hir, er nad oedd fawr o bwrpas i'w gwallt fod felly, gan nad oedd hi byth yn ei adael i lawr. Roedd eisiau amynedd i wneud unrhyw beth efo'i gwallt, heblaw am ei glymu'n gynffon dynn. Mi fedrai ffonio'r siop, ond byddai'n rhywbeth iddi wneud, cael cerdded i lawr yno. Roedd hi angen rhoi arian yn ei ffôn fach beth bynnag. Roedd yn well ganddi ffonio Bet ar ei ffôn fach a gadael i Bet ei ffonio'n ôl wedyn, fel nad oedd hi'n defnyddio'i chredit.

Nid fod Craig wedi cwyno, dim ond cwestiynu'r rhestr alwadau ar y bil unwaith – roedd o'n methu â deall pam fod galwad at Bet wedi cymryd cymaint o amser. Fedrai hi ddim esbonio faint o gysur iddi oedd cael clywed llais Bet ar ben arall y lein. Fedrai hi ddim dweud hynny, oherwydd mai at ei gŵr y dylai hi droi am gysur a doedd waeth iddi heb â cheisio esbonio. Rywsut, roedd y ffaith ei bod hi'n ffonio Bet yn ei frifo.

Tynnodd hwd y gôt yn is dros ei phen. Roedd y gwenoliaid wedi hen fynd a'r dyddiau'n byrhau o ddifri. Ers talwm roedd Delyth yn hoffi'r dyddiau pan fyddai Bet yn dod adre o'i gwaith a'r dydd yn dywyll, ac yn cynnau'r tân yn y parlwr, ac weithiau fe fyddai'r ddwy yn cario eu bwyd trwodd i'w fwyta ar eu gliniau o flaen y tân, ac yn gwylio *The Dukes of Hazzard* a'r llenni wedi cau ar y byd tu allan. Doedd y dyddiau byr ddim yn apelio gymaint ati erbyn hyn, a'r nosweithiau'n hir.

Camodd allan i'r ffordd a chau'r giât y tu ôl iddi. O'i blaen roedd dau yn sgwrsio ar ymyl y pafin. Wrth nesu deallodd mai'r ferch oedd wedi gofyn am ei help i dorri i mewn i'r tŷ drws nesaf oedd un. Mae'n rhaid ei bod wedi bod yn glanhau yn y topia a Ffridd Uchaf heddiw. Biti na fyddai wedi ei gweld, efallai y byddai wedi cynnig paned iddi.

Camodd oddi ar y palmant i'w pasio. Dyn oedd y llall, rai blynyddoedd yn iau na hi, ofyrôls amdano o dan y gôt sgwariau brethyn, a sgidiau cryfion gweithiwr am ei draed. Fyddai'r ferch ddim yn ei chofio, mae'n debyg, felly wnaeth hi ddim aros. Roedd y ddau'n ddwfn yn eu sgwr.

'Ti'n iawn?' Oedd hi wedi ei chyfarch? Arafodd a throi i gymryd cip i'w cyfeiriad. 'Hei, diolch i ti am helpu, 'de, wsti'r diwrnod yna, ches i ddim cyfle i ddiolch i ti. Roedd Mrs Jones yn iawn wedyn, sti, jyst heb glywed fi'n cnocio, heb gofio rhoi ei phethau clustia i mewn, gr'aduras.'

'O, iawn siŵr,' gwenodd Delyth, a throdd yn ei hôl am y ffordd.

'Ti'n nabod Robin, wyt?' Fedrai hi wneud dim ond aros a chamodd yn ei hôl ar y pafin. 'Sori, dwi'm yn cofio dy enw di chwaith. Eiri dwi, a...'

'Delyth Parry.'

'Ti ydi gwraig Craig Parry felly, ia?' Roedd y dyn wedi edrych arni.

'Ie, sut wyt ti'n adnabod Craig?'

'Dwi'n gweithio yn yr ysgol – dwi ddim yn ei nabod o, cofia, jyst 'mod i wedi ei weld o gwmpas, a rhywun wedi dweud ei fod o'n byw ar y topia 'ma.'

'Dach chi bron yn gymdogion felly, dydach?'

'Wel, fydda i ddim yma lawer, sti Eiri, dyddia yma, gorfod aros yn Tegfan rhan fwya o'r amser, a jyst piciad adra i weld ydi pob dim yn iawn.'

'Ydi dy daid wedi mynd mor ddrwg â hynny, ydi, Robin? Wyt ti wedi sôn wrth rywun?'

'Mae Neil drws nesa wedi deud y gneith o ffonio'r bobol *social* ond dwn i'm be fedar rheiny neud. Dydi o ddim digon drwg, medda Neil, i gael help. Mae o reit dda weithia, sti, ac yn ddigon castiog 'fyd. Es i efo fo i weld Dr Davies, ac mi roedd o'n cofio bob dim efo hwnnw doedd, mwn, medru deud lle'r oedd o'n byw a phwy oedd y blydi prif weinidog a phob dim.'

Wyddai Delyth ddim a ddylai gerdded yn ei blaen. Roedd cael gwrando ar sgwrs rhywun yn braf, rhywbeth nad oedd a wnelo dim â hi.

''Di o'n iawn ei hun yn ystod y dydd 'ta, Robin, pan fyddi di'n gweithio? Mi fedri di gael rhywun i fynd heibio, rhyw unwaith neu ddwy, jyst i neud yn siŵr ei fod o'n iawn.'

Nodiodd Delyth. Gallai hithau dystio i hynny, ond ddylai hi ddim cyfaddef. Doedd y bennod honno chwaith ddim yn rhywbeth y dylai sôn amdano, meddai Craig.

'Taid Robin,' nodiodd Eiri.

'Dryslyd?' Pam ei bod hi wedi holi? Doedd hi ddim am gael ei thynnu i mewn i helynt neb arall. 'Maen nhw'n eitha da nawr am roi help i bobol ar ben ei hunan fel'na. Mi ddylet ti siarad gyda nhw, falle yn y ganolfan iechyd, neu'r syrjeri, dweud dy fod di'n poeni amdano.'

Arhosodd Delyth. Beth oedd hi'n ei wneud, yn busnesa fel hyn? Doedd a wnelo taid hwn ddim oll â hi, felly cadw ei thrwyn allan fyddai orau.

'Mae Delyth yn iawn, sti, Robin. Dos yn ôl i'r syrjeri i weld fedran nhw dy helpu di. Ella daw 'na rywun draw i'w weld o.'

Trodd Delyth am y ffordd eto.

'Aros funud, dwi'n mynd 'run ffordd â ti.'

Aeth Robin yn ei flaen am ei dŷ i nôl dillad glân ac i godi'r post, cyn mynd yn ei ôl at ei daid am ychydig. Petai'n cael rhywun i mewn i wneud cinio a swper i'r hen ŵr, pendronodd, a fyddai'n medru ei adael ar ei ben ei hun yn amlach?

Erbyn i'r ddwy gyrraedd y llwybr heibio'r Graig Fain, a chyrraedd pen y ffordd am Maes y Gerddi lle'r oedd Eiri'n troi, roedd honno wedi llwyddo i berswadio ei ffrind newydd y byddai'n gallu helpu trwy gynnig ambell awr fel gofalwr yn y tai gofal yn y dref.

Pan eisteddodd Delyth o flaen y drych yn y siop trin gwallt, roedd ei chalon yn curo'n wyllt. Roedd rhyw gythraul wedi gafael ynddi a mynnodd fod y ferch yn torri ei gwallt mor fyr nes nad oedd bron yn adnabod y wyneb syn yn y drych, dim ond y llygaid mawr ansicr yna oedd yn gyfarwydd iddi.

Y Bedol

EISTEDDODD DONA AR y stôl y tu ôl i'r bar, yn llyfu'r tu mewn i'r paced creision caws a nionyn. Roedd hi wedi cael digon ar aros yn barod, a doedd hi ddim ond newydd gyrraedd yno o'r ysgol. Roedd ei mam yn gweithio tan chwech, a doedd hi ddim yn cael mynd adre ar ei phen ei hun, er ei bod yn ddigon tebol i wneud hynny, a doedd ei mam ddim yn amau na fedrai hi gael y gorau ar unrhyw ymosodwr petai hi'n trio.

Dim ond un oedd yn y Bedol erbyn hyn, ar ôl i Bleddyn roi clec i'w beint ar ôl deall mai Eiri oedd y tu ôl i'r bar. Byddai'n piciad i mewn am un ar ei ffordd adre o'i waith, ac i gael unrhyw newydd gan Ron, y landlord. Ond er ei fod yn ddigon hoff o Eiri, fedrai yn ei fyw â meddwl beth i'w ddweud wrthi, nac wrth unrhyw ferch arall. Doedd Bleddyn ddim yn un am drafod y tywydd, a doedd o ddim yn meddwl y byddai gan Eiri ddiddordeb mewn trafod rhinweddau Komatsu, mwy nag unrhyw beiriant arall.

Doedd Dona ddim yn deall pam fod yn rhaid i'w mam weithio o gwbwl, ond roedd Ron wedi mynd i'r Cash and Carry, meddai Eiri, a doedd waeth iddi warchod y lle a hithau'n cael ei thalu.

Gwyliodd Dona'r hen ŵr yn eistedd yn y gornel wrth y lle tân, yr ewyn ar ei wydr peint fel poer yn glynu ar hyd yr ochrau. Mae'n rhaid ei fod yntau wedi diflasu, yn eistedd fan'na'n darllen ei bapur, ond roedd Dona yn gwybod ei fod yntau'n gwylio'r drws. Roedd o'n aros am rywun, neu ddim am weld rhywun efallai. Efallai ei fod o wedi dianc o rywle, a bod arno ofn gweld plismon neu gangstyr yn dod i chwilio amdano fo. Roedd Miss Jones yr ysgol yn dweud bod ganddi ddychymyg byw – rhy fyw ar adegau.

Dechreuodd chwarae'n bwdlyd efo'r twr matiau cwrw, gan eu rhannu'n dyrrau llai, nes cael digon ar y gêm honno. Fe ddylai gael mynd adre at Daf – o leiaf mi fedrai wylio'r teli yn fan'no. Doedd dim hyd yn oed jiwcbocs yn fan hyn, dim ond yn y stafell pŵl, a doedd hi ddim yn cael mynd i fan'no, wedi iddi dywallt Cola ar ddefnydd mwsoglyd y bwrdd pŵl, unwaith.

Siglodd ar ei stôl, nes roedd un goes yn codi, ac yn disgyn gyda chlec i un o'r rhiciau ar y llawr, 'nôl a blaen, 'nôl a blaen, fel tipiadau cloc. Cododd yr hen ŵr ei ben a rhythu arni, ac edrychodd hithau'n ôl yn herfeiddiol. Doedd hen ddyn fel'na ddim yn ei phoeni. Gwyliodd y dyn yn rhoi clec i'r cwrw tywyll, ac yn dod â'i wydr yn ôl at y bar.

'Mam!' galwodd. 'Bar.'

Daeth Eiri trwodd o'r gegin lle bu'n trio rhoi trefn ar y silffoedd – roedd amser yn mynd yn gynt wrth wneud rhywbeth. Sychodd ei dwylo ac estyn am y gwydr.

''Run peth eto?'

'Diolch.'

'Ar eich gwylia?'

Pwy yn ei iawn bwyll fyddai'n mentro fan hyn ar eu gwyliau a hithau'n nes at ganol gaea' a lliw haul y gweithwyr tu allan i gyd wedi pylu dan haenau'r cotiau oel. A doedd o ddim yn edrych fel un o'r bobl adar a natur yna fyddai'n dod yma weithiau, rheiny efo'r gêr i gyd, gormod o gêr a dim digon o stic. Felly fyddai Robin yn dweud am y rheiny – fel pobl cerdded mynydd, yn mynnu cael y dillad i gyd, a'r pethau plastig yna i ddal y map ac ati, ac wedyn dim ond cerdded i fyny at odre'r ffriddoedd cyn troi'n ôl. Doedd Eiri ddim yn gweld bai arnyn nhw – gwell iddyn nhw droi'n ôl na gwneud trafferth.

Ond doedd hwn ddim yn un o'r rheiny. Doedd ganddo ddim sgidia cerdded na chwilio am adar, hen fflachod o drenyrs, a chôt law dena dros dop tracsiwt. Roedd ei fysedd dal smôc yn lliw rhwd, a'i bres yn rhydd yn ei boced. Doedd yna fawr o raen arno, creadur.

'Wedi dod am ddiwrnod neu ddau o holidês?'

'Na.'

'Dim yn dywydd mynd am dro beth bynnag, nach'di?' Ceisiodd Eiri wedyn. 'Tywydd aros wrth y bar, am wn i.'

'Ia.'

Estynnodd y gŵr yr arian iddi, a throdd hithau oddi wrtho, i'w roi yn y til. Fyddai waeth iddo fynta fod yn gleniach, meddyliodd Eiri. Byddai ei ddiwrnod yn mynd yn gynt felly, ond doedd dim posib deall rhai pobl.

'Pwy sy'n byw yn Tegfan dyddia yma?'

Cymerodd Eiri ei hamser i gyfri'r newid.

'Y tŷ ar y topia, wyddoch chi.'

Trodd Eiri yn ei hôl a nodio. 'Ia, wn i lle mae Tegfan.'

'Wyddoch chi pwy sydd yno?' Yfodd lymaid o'r peint a sychu ei geg efo cefn llaw rychiog, a sylwodd Eiri fod y mymryn lleiaf o gryndod ynddi.

'Gwn.'

Edrychodd yr hen ŵr ar ei chefn yn mynd yn ei hôl am y gegin. Roedd yr eneth fach yna'n dal i siglo ar ei stôl a'i llygaid tywyll yn syllu arno. Nodiodd ei ddealltwriaeth – doedd neb am ddweud. Gwirion hefyd, fel petai hen ŵr fel fo'n gallu gwneud drwg i neb. Aeth yn ei ôl i'w gornel i eistedd.

Doedd y lle wedi newid dim. Cenhedlaeth newydd efallai, ond yr un hen ffyrdd, pobl yn edrych i mewn arnyn nhw eu hunain, yn gwylio corneli'r naill a'r llall, ac yn rhy barod i fod yn amheus o bawb a phob dim. Fel petai'r niwl oedd yn glynu wrth dopiau'r tai yn mygu unrhyw awydd i edrych allan ar bethau, i dorri'n rhydd, i beidio stwna wrth gynffonnau'i gilydd. Lle felly buodd o erioed, ac roedd o wedi gwneud yn iawn i adael y lle, ceisiodd berswadio ei hun.

11 Ffridd Uchaf

GWGODD DELYTH WRTH godi'r sach ddu i mewn i'r bìn wrth gefn y stryd. Roedd rhywbeth yn pwyso yn nhwll ei stumog, a cheisiodd feddwl beth oedd yr achos y tro yma. Roedd y beil yn ei stumog yno bron yn barhaol, tyndra yn bygwth ffrwydro yn ddagrau blin, poeth, ond ei bod wedi dysgu eu cadw yno yn argae y tu mewn iddi.

Gwthiodd y bag i mewn a chau'r caead gyda chlec hegar, cyn sylwi bod rhywun yn cerdded tuag ati. Ceisiodd droi i mewn trwy giât gefn i'r iard cyn gorfod wynebu'r wraig.

'Fory mae'r lori ludw, yntê?'

Roedd honno wedi ei chyrraedd cyn iddi fedru dianc.

'Ie.'

'Ydach chi'n meddwl fod y bìn yn saff yn fan'na, dydyn nhw ddim yn addo gwynt heno, dwch? Yr hen wylanod 'ma, mi wnân nhw lanast os troith hwnna, chi.'

Rhythodd Delyth arni, y wraig yma, mor siŵr ohoni ei hun, Heulwen oedd hi, roedd hi bron yn siŵr. Honno roedd Eiri wedi sôn amdani. Dynes smart, er ei hoed, yn sefyll yno'n syth yn ei chôt aeaf – côt dda, ddrud, mewn rhyw oes.

'Ym, efalle sa well i mi fynd â fo'n ôl i mewn felly?' mwmiodd.

Damia hon a'i hen drwyn, ond roedd y wraig wedi troi yn ei hôl, a gwyliodd Delyth hi'n brysio ar hyd ei llwybr i'w phortsh hi ei hun, yn yr hen res gyferbyn â'u tŷ nhw. Wyddai Delyth ddim beth ddylai hi wneud. Byddai llusgo'r bìn yn ei ôl i mewn i'r iard gefn yn strach. Gafaelodd yn yr handlen yn benderfynol, ond roedd hon yn gweiddi arni eto.

'Rhoswch, dyma ni, ylwch, fel hyn bydda i'n gneud.' Brysiodd Heulwen tuag ati efo cortyn lastig a dau fachyn bob pen iddo. Rhoddodd un bachyn yn sownd wrth y ffens ac ymestyn y lastig rownd y bìn, gan fachu'r llall wedyn mewn rhan arall o'r ffens, nes roedd y bìn yn sownd.

'Eith o i le'n byd rŵan, sbïwch.'

Gwenodd ar Delyth, fel petai'n gwenu ar blentyn bach, oedd wedi trio gwneud rhywbeth ac wedi methu.

'Heulwen ydw i. Dwi ddim yn meddwl ein bod ni wedi cyfarfod, yn naddo? Delyth, ia?'

Cymerodd Delyth y llaw yn y faneg ledr, maneg capel, fel byddai gan Bet.

'Deall eich bod chi wedi dechrau mynd i Tegfan at Aneirin Roberts? Mae Robin ei ŵyr o'n dda iawn efo fi, yn helpu pan fydd angen rhywbeth, yntê.'

Nodiodd Delyth. Doedd hi ddim am ddweud wrth hon mai dim ond unwaith y bu hi heibio Aneirin Roberts, a'i fod o wedi cymryd mai rhyw Brenda oedd hi, ac nad oedd hi'n meddwl y byddai hi'n cael mynd eto p'run bynnag. Dim ar ôl ei sgwrs hi efo Craig neithiwr. Sgwrs, meddai Craig, ond roedd sgwrs i fod i gynnwys o leiaf dau lais. Roedd hi wedi chwilio am y gair yn y Geiriadur Mawr gafodd hi gan Bet, pan oedd honno'n trio ei gorau i'w chael i fynd yn ei blaen efo'i haddysg. 'Ymddiddan' oedd y diffiniad arall. Pan fyddai Craig eisiau sgwrs, fyddai hi ddim yn un ddiddan, ddim iddi hi o leiaf. Roedd Craig yn iawn, roedd hi eisiau rhywbeth i'w wneud, yn edrych am y gair fel'na mewn geiriadur, trio bod yn glyfar, trio bod yn goeglyd, ond trio bod yn barod ar ei gyfer o roedd hi. A methu. Bob tro.

Doedd hi ddim yn meddwl y byddai'n mentro yn ei hôl i Degfan. Roedd hi wedi cytuno – er ei lles ei hun, meddai Craig, rhag ofn i'r un peth ddigwydd eto ag a ddigwyddodd yn y cartref lle bu'n gweithio o'r blaen. Roedd hi'n ddiolchgar iddo, wrth gwrs ei bod hi, roedd hi wedi dweud hynny fwy nag unwaith. Diolch i Craig doedd yr heddlu ddim wedi eu galw, ac er fod Delyth wedi dweud drosodd a throsodd mai Kitty yn y gadair olwyn oedd wedi gwthio'r papur pum punt i boced ei hoferôl, a'i bod wedi bwriadu ei roi yn y casgliad Dolig, ond iddi anghofio ar ddiwedd shifft.

Roedd hi eisiau dweud hefyd y dylen nhw fod yn fwy amyneddgar efo Kitty, aros a gadael iddi geisio cael ei geiriau allan, yn lle rhuthro heibio neu wenu'n nawddoglyd a cheisio dyfalu, mewn llais uchel, beth oedd y geiriau roedd Kitty'n geisio eu ffurfio ac yn methu, y diferion poer yn hongian ar ei gwefus, a'i llygaid yn erfyn.

Doedd waeth i Delyth ddweud wrth y *parakeet* yng nghornel y *day room* ddim. Dim ond gwenu'n wan arni wnaeth y perchnogion pan ddaeth Craig efo hi i roi ei hymddiswyddiad. Roedd pethau eraill wedi mynd ar goll hefyd, dim byd mawr, dim byd o bwys, ond roedd yn well fel hyn, yn well iddi fynd. Roedden nhw mor falch fod Mr Parry'n deall. Doedden nhw ddim eisiau ffỳs. Doedden nhw ddim yn meddwl y byddai cael yr heddlu yno'n holi a stilio yn ddim lles i'r *guests*. Roedden nhw wedi diolch iddo am ei gyfraniad hael i'w casgliad Dolig at y cartref, ac am fod yn ŵr bonheddig, ac am fod yn ffasiwn gefn i'w wraig.

'Mae o yn yr un lle eto 'leni.'

Syllodd Delyth ar Heulwen, a chymryd eiliad i ddod yn

ei hôl i'r stryd lle'r oedd hi'n sefyll, ei llaw ar gaead y bìn, a Heulwen yn aros wrth symud draw at y giât fach oedd yn arwain at yr ardd gefn.

'Ddowch chi i weld?'

Dilynodd Delyth hi nes oedd hi'n sefyll yng nghanol gardd Heulwen. Sylwodd ar y lawnt, y llwybr cerrig mân, a'r border o lwyni – hen ŵr, lafant, wermod a rhosmari – hen lwyni a fu yno ers oes, ond wedi eu clipio fel nad oedd y pren wedi mynd yn heglog a moel; roedd ôl graen ar y border o leiaf.

Dilynodd Heulwen draw at y clawdd terfyn, a'r domen lle'r oedd Heulwen yn lluchio pob gwastraff gardd. Roedd gwaelod hen gwch gwenyn yno.

'Does 'na ddim gwenyn yma, chi. Ma rheiny yn y rhandir. Dim ond hen fframiau a phytiau o gychod wedi pydru ydyn nhw.'

Aeth Delyth yn ei blaen, wrth weld Heulwen yn codi'r darn pren yn ofalus, dim ond codi modfedd arno, i ddangos twmpath o ddail crin a gwellt, rhwng y pren a'r clawdd.

'Dwi ddim am ei styrbio fo, ond mae o yna eto 'leni. Liclo'i le, mae'n rhaid.'

Nodiodd Delyth wrth weld draenog wedi mynd i swatio yno dros y gaea'. Braf arno.

'Mae o wedi dod o hyd i le da yn fan'na, allan o'r gwynt,' meddai.

Gosododd Heulwen y pren yn ôl yn ofalus. Gallai synhwyro bod y ferch iau'n sefyll yno'n ansicr, ei bysedd yn plycio yng nghhortyn yr hwd ar ei chôt.

'Mae hi'n hyllig yn fan hyn unwaith rydan ni allan o'r cysgod, yndê. Mae'n wyrth fod y coed tri lliw ar ddeg 'ma'n goroesi'r gwynt, a hwnnw'n gyrru'n syth o'r môr, ond tydi hi ddim yn rhewi yma.'

Arafodd, i be oedd hi'n paldaruo am lwyni a draenogod a manion felly, a hon yn hanner rhynnu yma o'i blaen hi.

'Dewch, mi gawn baned.'

Safodd Delyth yn anesmwyth ar ganol llawr y gegin. A ddylai hi helpu, neu gynnig estyn rhywbeth? Pwysodd ei chefn yn erbyn y sinc, ac edrych o'i chwmpas. Roedd y gegin yn debyg i dŷ Bet; er mai ei chartref hi oedd o hefyd, wnaeth hi erioed feddwl amdano felly, dim ond fel tŷ Bet. Tŷ cynnes, saff Bet. Roedd ganddi gartref cyn mynd at Bet, ond fedrai hi ddim ei gofio.

Yr un ornaments – iâr frown yn eistedd, a phetai hi'n ei chodi gwyddai y byddai wyau yno'n gorwedd yn y bowlen oddi tani. Tun hirsgwar, dal Cream Crackers hefyd, a phapur wal efo blodau mawr oren a brown yn rhesi, a'r ddwy gadair esmwyth a'u clustogau lympiog yn frith o bwythau crosio mewn edafedd oedd dros ben ar ôl gweu jymper neu bwlofyr, neu helmet babi.

Tarodd rhywbeth Delyth yng nghanol ei brest, a bu'n rhaid iddi gymryd ei gwynt rhag ofn i ryw wich ddianc o'i chrombil.

'Eisteddwch.'

Gwyddai fod Heulwen yn ei gwylio ac wedi synhwyro bod ei hanadl yn tawelu'n raddol, ond fedrai hi ddim gweld bod rhyw gynhesrwydd rhyfedd yn treiddio trwyddi. Ceisiodd Heulwen beidio â chraffu ar yr wyneb eiddil, a'r llygaid – roedd ei gwallt mor fyr fel nad oedd unman iddi guddio, rywsut, a'r wyneb yn agored i gyd.

'Ydi'r mab yn setlo?'

'Ydi diolch. Ni'n tri wrth ein boddau.'

'Oeddach chi'n nabod rhywun ffordd hyn? Dyna pam y daethoch chi yma?'

'Na, neb. Craig gafodd waith yn yr ysgol, a doedd gen i ddim swydd yn lle'r oedden ni, felly roedd yn hawdd i ni symud.'

'Mae'n lle braf, wel yn yr ha'...'

'Ydi, ni'n edrych ymlaen. Mae Steff, y mab, wedi sôn digon ei fod eisiau byw wrth y môr.'

'Wel, dwi'n falch eich bod chi'n mynd heibio Aneirin i Tegfan beth bynnag, yn falch iawn. Mae o'n ddryslyd ofnadwy weithia, ond wedyn yn cael pethau'n haws ambell i ddiwrnod. Mi ddowch i arfer efo fo a'i ffyrdd. Mae o'n gallu bod yn ddigon piwis, cofiwch – cymryd pethau'n ei ben. Mae ei galon o yn y lle iawn, y creadur.'

Cododd Delyth yn sydyn, a rhoi'r gwpan yn y sinc.

'Diolch am y baned ac am gael gweld y draenog.'

Doedd hi ddim yn dda iawn am fynd i mewn nac allan o dai, doedd hi byth yn gwybod beth i'w ddweud. Agorodd y drws, camu allan a'i gau'n glep.

Tegfan

'**P**RYD BUODD O, Taid?'

Roedd yr hen ŵr yn benderfynol. Roedd Sel wedi bod heibio a dyna fo, ac roedd y ddau wedi cael paned ddigon clên, ac wedi rhoi'r byd yn ei le am oriau. Roedd Sel wedi bod yn dweud storis Burma, neu Borneo ella, wrtho fo trwy'r pnawn, y rhai am yr anifeiliaid anhygoel roedd o wedi eu gweld, y nadroedd a'r pryfaid cop a fedrai ladd dyn mewn eiliadau.

'A'r dyn yma, sti, Robin, o Burma, neu Borneo ella. Burma 'ta Borneo, d'wa'? Esu, dwi'm yn cofio rŵan be ddeudodd o, sti, rwla'n dechra efo B...'

'Birmingham, Taid?'

'Naci siŵr Dduw, rwla poeth 'de... Ia, y dyn 'ma, yli, mi dorrodd ei droed ei hun i ffwrdd efo bilwg, sti, i stopio'r gwenwyn rhag cythru i fyny ei goes o ac i'w galon o 'de.'

'Farwodd o?'

'Uffar o fois, rheina Robin. Naddo, mi fywiodd, sti.'

'Do, Taid, ond pryd buodd y boi 'ma heibio chi 'ta?'

'Sel fuodd heibio fi, 'de.'

'Ia, wn i hynny, Taid. Pryd buodd Sel heibio chi 'ta?'

'O, rŵan 'ta, tua ganol pnawn dwi'n meddwl oedd hi, sti.'

Roedd Neil drws nesa wedi dod heibio ond ysgwyd ei ben wnaeth hwnnw. Doedd o ddim wedi gweld neb, er ei fod wedi bod adre trwy'r dydd, ac yn cadw llygad o bell ar Aneirin.

'You kippin 'ere now, Robin?'

'Just for a bit, until he settles again. We'll see how things go.'

'And you managed to get someone in, you know – home help for him?'

'Dwn i'm ddylia hi ddod eto, sti, Robin.'

Arhosodd Robin. Roedd o wrthi'n cario llestri swper trwodd i'w golchi, a doedd o ddim yn siŵr oedd o wedi clywed yn iawn.

'Be ddeudsoch chi, Taid?'

'Deud na dwi'm isio neb yma'n edrych ar f'y ôl i, yr *home help* yna. Hogan fach glên, cofia, ond dwi'n medru gneud yn iawn, tydw?'

'Nac'dach – dydach chi ddim yn nac'dach? Fasach chi 'di rhoi'r lle ma ar dân, Taid, oni bai i mi gyrradd mewn pryd. Peidiwch â bod yn styfnig. Dydi hi ddim ond wedi bod yma unwaith be bynnag.'

'Dwi ddim isio neb diarth yma'n stwna, sti, mae gen i betha yma na ddylia neb diarth eu gweld nhw, sti.'

'Dydi hi ddim yma i stwna, yma i wneud cinio i chi a hwfro a golchi llestri ma hi.'

'Hmm.'

'A be sydd gynnoch chi yma sydd mor bwysig fel na ddylia neb eu gweld nhw, Taid?'

'Llythyra Magwen a fi, yndê, a phetha felly, petha preifat. Dwi ddim isio llygada pawb arnyn nhw.'

'Ydach chi isio i mi eu cadw nhw yn fy nhŷ i 'ta, neu mi fedra i gael gafael ar gês a chlo arno fo os liciwch chi? Mi a' i â nhw i fyny i Ffridd Ucha.'

Trodd Aneirin i roi'r teledu mlaen.

'Amsar niws, d'wa'?'

Cododd Neil i adael. Roedd ganddo angen ailbotio rhyw blanhigion medda fo, a gadawodd Robin a'i daid yno, a'r teledu'n bloeddio.

Aeth Robin allan i ben y drws i gael smôc. Fedrai o fentro i lawr i'r Bedol am beint tybed? Doedd aros yn Nhegfan trwy gyda'r nos yn trio dal pen rheswm efo'i daid ddim yn apelio. Aeth i lawr i'r sied fach, lle'r oedd offer gwaith coed ei daid. Efallai y gallai wneud rhywbeth efo honno, rhoi trydan ynddi, ei throi yn lle bach cymharol glyd iddo fedru mynd yno o ffordd ei daid.

Edrychodd o'i gwmpas – siafins coed ar hyd y llawr a llwch llif, cynion fu'n finiog, sgleiniog yn gorwedd yn y llwch, eu carnau'n bŵl a'r rhwd wedi hen bylu'r min. Cymerodd gip ar y silffoedd, wedi simsanu dan ddegawdau o bapurau a photiau paent a'u cynnwys wedi croenio neu sychu'n llwch. Tynnodd y llythyr ymddiswyddiad allan o boced ei gôt, a'i adael ar y fainc yng nghanol y siafins.

Caeodd ddrws y sied ar ei ôl. Roedd yna waith clirio yno, a byddai'n rhaid trwsio dipyn ar y styllod coed a rhoi ambell ddarn o sinc newydd yma ac acw. Doedd dim na fedrai Robin ei wneud, a byddai'n ddigon agos wedyn i gadw llygad ar ei daid, ond heb orfod bod yn yr un stafell ag o.

Aeth yn ei ôl i fyny'r stepiau a phwyso yn erbyn ffrâm y drws am funud i feddwl. Byddai'n rhaid ystyried beth i'w wneud efo'i dŷ ei hun hefyd. Gallai orfod aros yn Nhegfan am sbel. Roedd ei daid i'w weld yn eithaf da heddiw, ond roedd Neil yn dweud nad oedd yna droi'n ôl efo colli cof. Y gwythiennau oedd, meddai Neil, yn clogio, wedi llenwi efo saim blynyddoedd o gig moch o'r badell a nicotîn.

'It's just downhill from here now you see, Rob.' Ac ysgwyd ei ben.

Efallai y byddai'n trio cael gafael ar ei fam eto, i weld a fedrai honno ddod adre am ychydig, dim ond am wythnos neu ddwy efallai, i drafod beth allen nhw gynnig i'w daid. Ond doedd Robin ddim am ei weld yn cael ei symud i ffwrdd o Lan Morfa chwaith. Doedd o erioed wedi bod o'r dref. Roedd o wedi ei eni yn Nhegfan, a byddai cael ei symud oddi yno yn ddigon amdano. Ond wedyn, pendiliodd ei ymresymu – gallai aros yma fod yn ddigon amdano hefyd.

'Cau'r drws, Robin, 'nei di? Mae yna wynt oer diawledig yn dŵad o rwla, sti – beidio bod drws cefn ar agor, d'wa'?'

'Rwbath ar newyddion, Taid?'

'Wn i ddim, sti, petha ofnadwy'n digwydd, does? Ma'r byd 'ma'n mynd yn hen le peryg, Robin. Sa'n dda gen i tasa Brenda ddim yn mynnu mynd am yr hen goleg 'na.'

'Wedi bod yn coleg, yn do? Dach chi'n cofio, Taid? Ath hi'n nyrs, yn do?'

'Do, d'wad?'

'Do am chydig.'

'Do, yn do, wedi i ti ddeud. Hogan glyfar sti, Brenda ni.'

Roedd yr hen ŵr ar ei draed, y lluniau lliw wedi llithro o'r sgrin a threiddio i mewn i wneuthuriad y llenni a'r carped, wedi'u cymysgu'n un â'r lluniau cyfarwydd o'i amgylch, plant ac wyrion, cefndryd a brodyr a chwiorydd, yn un â'r delweddau ar y sgrin.

'Sa'n dda gen i tasa pawb yn aros adra, sti, Robin. Saffach adra, tydi?'

Roedd Robin wedi medru ei berswadio wedyn i fynd i fyny i'w wely.

'Fydda i ddim yn hwyr, Taid. Arhoswch chi'n eich llofft rŵan, gnewch? Peidiwch â dod lawr grisia, iawn? Fydda i heibio chi cyn mynd i 'ngwely.'

Caeodd y drws ar ei ôl, roedd y goriad ganddo. Cododd ei law ar Neil, oedd wedi codi i'r ffenestr, sŵn y drws yn clepio wedi tynnu ei sylw, o'r drws nesa. Gwnaeth Robin ystum codi peint a chododd Neil ei fawd yn ôl. Hen drwyn, meddyliodd Robin, a newid ei feddwl yn syth – o leiaf mi fasa'n cadw golwg, chwarae teg.

Roedd y trimins Dolig i fyny yn y Bedol.

'Braidd yn fuan, Eiri?'

'Neith chydig o bling ddim drwg i neb, Robin. Rhywbeth i godi'n calonna ni 'de, a ph'run bynnag, mae hi'n ddechra Rhagfyr jyst iawn, tydi?'

'Pwy sy efo'r hogia?'

Roedd Robin wedi meddwl cael peint distaw – dim ond Bleddyn a Mel ac yntau – ond sylwodd fod rhywun arall yn yr hanner gwyll yn eu cornel arferol.

'Dwn i'm pwy ydi o, sti, ond mi roedd o i mewn wythnos diwetha neu'r wythnos cynt. Dwi'm yn cofio rŵan. Dwi wedi ei weld o'n dŵad oddi ar y bws unwaith neu ddwywaith, ac mi ddeudodd rhywun mai wedi dod i aros i un o'r tai petha *alternative* yna mae o – ti'n gwbod, mae 'na ryw ddynas yn tyfu petha organic yn rhywle yn ochra Dyffryn yna, yn does, neu ella ma gneud potyri ma hi, rwbath fel'na... Ond dwi'm yn gwbod chwaith, cofia.'

Bron i Robin roi clec i'w beint a'i throi hi'n ôl am Degfan. Doedd o ddim awydd creu sgwrs efo neb diarth heno. Roedd o angen sgwrs gyffyrddus, hawdd, fel sgwrs Bleddyn a Mel.

'Ond wsti be, wedi cofio, mi na'th hwn holi am Tegfan ryw dro yn fan hyn. Holi pwy oedd yn byw yno.'

'O? Na'th o holi am Taid?'

'Naddo, dim ond holi pwy oedd yn byw yn Tegfan na'th o, a 'nes i ddim deud dim wrtho fo chwaith. Ti'm yn gwybod nag wyt, ond Cymro ydi o. Methu gneud ei acen o allan chwaith.'

Roedd yn amlwg oddi wrth y symudiad yn y gornel fod Bleddyn, Mel a'r dyn dieithr wedi ei weld, a gallai Robin synhwyro bod ei enw wedi ei grybwyll. Pan roddodd ei beint i lawr ac eistedd yn ei gornel arferol, roedd y sgwrs wedi peidio.

'Y dyn yma'n nabod dy daid, Rob.' Mel oedd am dorri'r tawelwch, a sylwodd Robin fod Bleddyn yn syllu'n anesmwyth i'w wydr peint.

'Gymri di beint, Bleddyn?' Trodd Robin at Mel, 'Peint?'

'A' i i'w nôl nhw. 'Run peth, Rob? A chitha?' Cododd Bleddyn ar ei union. Doedd o ddim yn hoffi sefyllfaoedd fel hyn. Roedd sefyll wrth y bar yn trafod y tywydd efo Eiri yn haws hyd yn oed.

'Na, fydd raid i mi ddal y bws toc. Diolch i ti 'run fath.'

Trodd y gŵr dieithr yn ei gadair, ailgydiodd yn ei wydr, a gorffen ei beint.

'Mae o'n go lew i'w weld, ond braidd yn anghofus ydi o, yndê?'

Teimlodd Robin ei hun yn gwrido. Roedd o wedi amau Aneirin, wedi gwenu'n gydymdeimladol wrth i'w daid sôn am ei ymwelydd y pnawn hwnnw. A dyma fo. Roedd o wedi cael ymweliad, felly. Hwn oedd y dyn roedd pawb yn credu oedd yn ffrwyth dychymyg dryslyd. Peth rhyfedd i Neil ei fethu hefyd.

'Sud ydach chi'n nabod fy nhaid i, felly?'

'Ges i fy magu yma yng Nglan Morfa, chydig tu allan, ond roeddwn i'n nabod dy daid yn iawn, yn rysgol efo'n gilydd, ti'n gweld. Ond es i ffwrdd i'r armi a ddois i ddim yn ôl ffordd hyn wedyn.'

'Chi ydi Sel felly, ia? Ma Taid wedi sôn dipyn amdanoch chi.'

Chwarddodd y gŵr, a'r chwerthin yn troi'n beswch annifyr.

'Mab Brenda wyt ti, felly, ma'n rhaid. Dim ond Brenda sydd, yndê?' Cymerodd lymaid i gael gwared o'r rhygnu yn ei wddw, a nodiodd Robin.

'Ma Taid wedi mynnu eich bod chi'n ôl ers sbel. Roedd o wedi'ch gweld chi'n dod oddi ar y bws.'

'Oedd, yn doedd? Mae'r hen uffarn bach yn ddigon craff o hyd, ond ddim digon craff chwaith.'

Aileisteddodd Bleddyn efo'i wydrau, a setlo yn ei ôl ar y fainc. Synhwyrai nad oedd y sgwrs yn un esmwyth, ond fedrai o ddim ailgodi wedyn. Doedd ganddo ddim dewis ond aros.

'Be dach chi'n feddwl?' Cymerodd Robin yr ail beint gan Bleddyn. Doedd yntau ddim yn siŵr o'r dieithryn yma chwaith.

'Wedi camgymryd mae o, yndê? Mae Sel wedi marw ers blynyddoedd, siŵr Dduw, mae o'n gwbod hynny'n iawn, sti. Cymryd arno mae o. Gwranda – dwi'n ei nabod o ers pan 'dan ni'n blant, yn gwybod am ei dricia fo. Mae o'n gwbod yn iawn nad ydi Sel yn ei ôl yma, os nad ydi'i gydwybod o'n gneud i ddrychiolaetha ymddangos ar hyd y strydoedd 'ma. Fydda hynny ddim y tro cynta chwaith.'

Wyddai'r un o'r tri beth i'w ddweud wedyn, na sut i ymateb i'r dieithryn yma oedd yn taflu cyhuddiadau. Ond roedd yn rhy hen i fynd i'w herio, gan fod y peswch yn bygwth ei fygu'n ulw am yr ail waith. Gwyliodd Robin y llygaid dyfrllyd, y gwyn yn lliw melyn a'r lliw glas yn bŵl. Sylwodd ar y poer yn hel yng nghorneli ei wefusau meinion, y wyneb yn crebachu a gwelwi unwaith roedd y peswch drosodd. Sylwodd hefyd ar ei ddillad di-raen, ei gôt yn rhy denau i fod yn aros am fws ynddi a'r gwynt yn dod o gyfeiriad y Dyffryn a'r dwyrain.

'Nid Sel ydach chi?'

'Nage, ei efaill ydw i – Wyn.'

5 Ffridd Uchaf

Daeth Huw ddim i fyny dros y Dolig eto. Roedd ei wraig yn gorfod gweithio tan yn hwyr ar noswyl Nadolig, felly byddai'n berfeddion arnyn nhw'n cyrraedd, a gan nad oedd ei thad hi wedi bod yn dda ei iechyd, roedden nhw wedi penderfynu aros yng Nghaerdydd i gael bod efo fo. Roedd hynny'n gwneud synnwyr, yn doedd? Roedd Heulwen wedi cytuno, wrth gwrs, mai dyna'r peth synhwyrol i'w wneud.

Oedden nhw tybed am ddod i fyny am ychydig o gwmpas y flwyddyn newydd, dim ond am noson efallai? Fe allai wneud y llofft gefn yn barod iddyn nhw'n hawdd, a fyddai hi ddim yn boen arnyn nhw o gwbwl, dim ond meddwl efallai y byddai Huw yn hoffi dod i weld ei hen ffrindiau, a'r ardal ac ati. Na, na – doedd dim bwys, siŵr, doedden nhw ddim i boeni nad oedd hynny'n bosib, wrth gwrs eu bod nhw angen mynd am wyliau bach. Roedden nhw wedi bwcio gwyliau sgio, iddyn nhw eu dau. Roedden nhw wedi bod mor brysur yn ddiweddar, yn enwedig hi, efo ailstrwythuro yn y swyddfa, a gofalu am ei thad a phopeth. Roedd y meddyg wedi argymell eu bod yn cael gwyliau, dim pwysau – dim ond llonydd.

Tynnodd Heulwen yr olaf o'r peli bach gwydr oddi ar y brigyn moel roedd hi wedi ei gario i mewn o'r ardd, ond roedd y peli bach wedi edrych yn dda arno. Datododd y rhuban yn ofalus gydag un llaw, a gadael i'r belen fechan olaf ddisgyn i'w llaw. Roedd hon yn hen. Bu ganddi ers pan roedd Huw'n blentyn. Roedd ei thad wedi prynu chwech ohonyn nhw o siop yn Nolgellau, ac wedi eu cario fel hanner dwsin o wyau i mewn i'r tŷ, a Huw wedi cyffroi gymaint o gael trimins go iawn i'w rhoi uwchben y lle tân. Erbyn hyn, doedd ond un ar ôl.

Roedd Heulwen newydd roi'r ffôn i lawr – Huw a'i wraig wedi cyrraedd yn eu holau i Gaerdydd, ac wedi cael eira da, a'r sgio'n werth chweil. Cydiodd Heulwen yn y belen fechan, a honno mor frau a bregus â phlisgyn wy. Cydiodd ynddi fel petai'n cau ei llaw yn dyner am fywyd bychan, a'i hanwesu, oherwydd gwyddai Heulwen pe na fyddai'n ei lapio mewn papur sidan a'i gosod yn ofalus mewn bocs wy, na fyddai'n para am Ddolig eto.

Newydd gadw'r trimins oedd hi pan ddaeth Robin i gnocio ar ddrws y gegin. Roedd wedi dod â'r dysglau gwag yn eu holau, y rhai roedd hi wedi eu defnyddio i roi'r cinio Dolig ynddyn nhw, a Robin wedi eu cario yn y car i lawr i gartref ei daid i gael eu cinio – y tri ohonyn nhw yn Nhegfan, am fod hynny'n haws nag esbonio i Aneirin eu bod nhw am fynd i gael cinio yn nhŷ Heulwen yn Ffridd Uchaf. Camgymeriad, mae'n debyg, o edrych yn ôl. Roedd Aneirin wedi drysu'n ulw diwrnod Dolig, yn mynnu y dylen nhw aros am Magwen, aros iddi ddod o'i gwaith yn yr ysgol, ac na fyddai hi'n hapus iddyn nhw fwyta cinio diwrnod Dolig, o bob diwrnod, hebddi.

Roedden nhw wedi codi platiaid ychwanegol yn y diwedd, ar gyfer Magwen, ac addo mai hawdd fyddai ei ailgynhesu iddi pan ddaethai adre. Roedd Robin yn gwybod, mae'n debyg, na ddylai fod wedi gwneud hynny, ond roedd hynny'n haws na dweud eto wrth ei daid fod Magwen wedi mynd, a bod yn rhaid mynd trwy'r Dolig hebddi.

'Sut mae o heddiw?'

Eisteddodd Robin heb ei gymell, a rhoddodd Heulwen y dŵr berw ar y dail yn y tebot.

'Rwbath tebyg, ond o leiaf mae o wedi stopio rhincian fod yr *home help* yn mynd yno i wneud cinio ac ati. Mae'r ddau i'w gweld yn tynnu mlaen yn reit dda. Dwn i ddim pwy mae o'n meddwl ydi hi chwaith, cofiwch.'

Nodiodd Heulwen. Roedd hi'n gweld y ferch o'r tŷ ar draws y ffordd ambell waith, yn sgytlan fel rhyw greadur bach swil, ei hwd am ei phen, yn brysio allan ar ôl i'r plentyn a'i dad adael yn y bore, ac yn yn ei hôl wedyn i wneud te cyn iddyn nhw gyrraedd o'r ysgol.

'Mae hi'n un reit od, 'swn i'n deud. Neith hi ddim ond cnesu be bynnag dwi wedi ei adael at ei ginio fo, a hwfro chydig. Roedd Neil wedi sôn bod y twmpath papura yna sy gan Taid wrth y soffa yn beryg o ddechra tân, ond doedd hi ddim wedi cynnig eu symud nhw o gwbwl, medda Neil.'

'Be ŵyr hwnnw? Hen lolyn ydi'r Neil yna.'

'Ia, wn i, ond fedra i ddim cwyno, chi. Mae o'n picio heibio bob dydd rhyw ben, yn lot o help.'

'Ydi siŵr, ond be ŵyr o am Delyth a be mae hi i fod i neud, yndê? Ydi o'n mynd yno 'run amser â hi o hyd?'

'Nadi, am wn i.'

'Diolch am hynny! Y peth ola mae Delyth isio ydi rhyw rwdlyn fel'na'n mwydro efo hi.'

'Dwi'm yn meddwl ei fod o fel'na, chi, Heulwen. Fasa fiw iddo fo, ma'i wraig o'n cadw llygad reit graff arno fo. A ph'run bynnag, mae'r hogan Delyth yna i mewn ac allan mewn cyn lleiad o amsar. Roedd rhywun yn deud nad ydi hi isio neb wybod ei bod hi'n gweithio. Od ydi hi.'

Trodd Heulwen i nôl y cwpanau, tawelodd y sgwrs a synhwyrodd Robin ei fod wedi ei chythruddo hi rywsut.

Ond fedrai o ddweud dim i geisio dad-wneud ei eiriau, gan na wyddai pa rai oedd wedi gwneud y drwg.

'Huw yn iawn, ydi, Heulwen?' Gwell oedd ceisio troi'r stori.

Trodd Heulwen yn ôl at y bwrdd, a'r cwpanau yn ei dwylo. Gwenodd yn gynnil, neu efallai mai gwg oedd hi, fedrai Robin ddim dweud yn iawn. Fedrai o ddim darllen yr olwg yna ar ei hwyneb, ac roedd ei symudiadau yn fwy ffrwcslyd nag arfer, ei dwylo'n crynu'r mymryn lleiaf. Eisteddodd Heulwen ar y stôl wrth ben y bwrdd, y cwpanau o'i blaen, a'r jwg llefrith a'r tebot, ond gwyliodd Robin fel y cododd ei dwylo'n sydyn i guddio'i llygaid, ac yna estyn hances o'i llawes.

'Dach chi'n iawn, Heulwen?' Dim ond eiliad o ddieithrwch, yna cododd ei phen a gwenu eto.

'Ydw tad, yn iawn.' Cododd yn ei hôl i fedru tywallt y te yn well. 'Ydi, mae o'n iawn sti, diolch i ti. Prysur ydi o, yndê, gormod i'w wneud ganddo fo, methu dal ei gynffon.'

'Dyna mae Mam yn ei ddeud o hyd hefyd, Heulwen, ma nhw 'run fath yn union. Rhy brysur i ddod adra. Ma'n rhaid bod yna lai o amser mewn llefydd fatha Caerdydd a Benidorm, llai o oriau'n y dydd.'

'Oes, decini!' chwarddodd Heulwen, ond chwarddiad fechan dynn oedd hi.

Yfodd y ddau mewn tawelwch wedyn, rhyw chwithdod lle na fyddai chwithdod fel arfer, fel petai'r ddau wedi cydnabod eu bod nhw'n ddigon croendenau i adael i bobl eu siomi nhw.

Ysgol Glan Morfa

ROEDD CRAIG WEDI anghofio nôl ei fag o'r gampfa, felly aeth Steff i sefyll wrth y car i aros am ei dad. Roedd wedi aros yn stwna ar y coridor nes i'r rhan fwyaf o'r plant glirio oddi ar y buarth cyn mynd allan. Doedd o ddim am gael ei weld, yn arbennig gan ambell un, yn aros wrth gar yr athro chwaraeon. Roedd bod yn fab i un o'r athrawon yn ddigon drwg, heb orfod mynd a dod i'r ysgol yn yr un car ag un hefyd. Byddai Steff yn mynnu cael ymuno efo'r criw ar y bws cyn hir. Roedd y sgwrs ddychmygol rhyngddo ef a'i dad yr un un bob tro, ei dad a'i lais rhesymol yn chwerthin ac yn ysgwyd ei ben ar dwptra ei fab, a'r rhesymau dros gael mynd efo pawb arall ar y bws yn swnio'n garbwl a phlentynnaidd. Ond roedd heddiw ychydig yn wahanol, oherwydd roedd ei fam yn dod i lawr i'w cyfarfod ac roedden nhw am fynd i nôl cebáb ar eu ffordd adre.

Roedd wedi eistedd ar y wal ers oes, a phawb wedi hen glirio o'r buarth. Oedd ei dad yn cofio ei fod yn aros? Wrth gwrs ei fod, roedd yn aros bob pnawn, yr un hen drefn.

Gwelodd un o'r bechgyn rheiny oedd yn sgeifio chwaraeon ym mhen pella'r cae, yr un bach main oedd yn edrych fel petai wedi cysgu yn nhin gwrych. Gweddïodd Steff ei fod am groesi am giât y traeth, a swatiodd, fel na allai ei weld y tu ôl i'r car. Ond newid ei drywydd wnaeth y bachgen, a gwyliodd Steff ei gorff yn plygu yn erbyn y gwynt, ac yn nesu am y lle parcio, a'r lle'r oedd yn cuddio. Cododd Steff, ac edrych yn daer ar y llawr.

'Ti 'di colli rwbath?'

'Dim byd pwysig, jyst beiro.'

Closiodd y bachgen a mynd ar ei bengliniau y tu ôl i'r car.

'Beiro? 'Nei di ga'l row, 'nei?'

'Ella.'

Cododd y bachgen a syllu ar Steff am funud, cyn nodio.

'Deud bod ti 'di roi fo i rywun i sgwennu efo heddiw a bod ti ddim wedi'i ga'l o'n ôl, ia?'

'Ia.' Nodiodd Steff.

'Deud gei di fo'n ôl fory 'de.' Cododd y bachgen, ei ben ar un ochr a nodiodd yn ddwys ar Steff. 'Good luck.'

Gwyliodd Steff ef yn cerdded am y llwybr troed ac yn mynd yn araf i lawr am y dref. Sylwodd sut yr oedd yn aros bob yn hyn a hyn i syllu ar rywbeth yn y gwrych, neu ar y ffordd, weithiau'n stopio i edrych ar ryw olygfa draw am y môr. Doedd arno ddim brys, beth bynnag.

Penderfynodd Steff fynd i chwilio am ei dad. Roedd drws y gampfa ar agor, a gallai glywed lleisiau'n dod oddi yno.

'Mi ddyla'r drws gael ei gloi yn syth ar ôl y gloch. Mae yna betha sy'n werth pres yma, a ti'n gwybod be ddigwyddodd yn y stafell gelf.'

'Ar fy ffordd rownd yn cloi ydw i rŵan, yndê. Dwi wedi bod i fyny yn y stafell gelf. Fedra i ddim bod mewn dau le ar unwaith, na fedra?'

Safai Robin yno, a'r goriadau yn ei law. Doedd o ddim eisiau ffrae efo hwn, a cheisiodd droi i fynd oddi yno.

'Pam gadael y gampfa tan y lle olaf? Fydda i'n amal yn gadael fy stwff i yn fan'na, gan feddwl dy fod di'n cloi, ac edrych be sy wedi digwydd. Mae'n stwff i ar hyd y llawr ym mhob man – rhywun wedi bod i mewn yma, a fyddai hynny ddim wedi digwydd tasat ti wedi cloi'r drws fel ti'n cael dy dalu i wneud. Dim ond gobeithio nad oes yna ddim byd wedi mynd ar goll, yndê, neu pwy fydd yn gyfrifol tybed – hwnnw sydd i fod i sicrhau fod y drws wedi ei gloi mae'n debyg?'

'Mae gen ti oriad dy hun. Cloea di tro nesa – yn syth ar ôl diwedd y wers – a mi wna i agor os oes isio llnau, iawn?'

Arhosodd Steff yn stond, a symud yn ei ôl wedyn, yn dawel, i sefyll y tu allan i'r drws, lle gallai wrando heb gael ei weld. Byddai'r gofalwr yn y drws unrhyw eiliad, ond yna clywodd lais ei dad eto, yn isel ac araf, fel petai'n ceisio rhoi rhywbeth ar ddeall i blentyn dwl.

'Roedd yna wers arall yma y wers olaf, a ti yw'r gofalwr os nad ydw i'n camddeall. Ti sy'n cael dy dalu i gloi – does dim llawer o her yn fan yna. Dydi cloi drysau ddim yn gofyn am sgiliau uwch am y gwn i, a rwyt ti'n dal i fethu gwneud yn iawn. *Waster.*'

Gwthiodd Steff ei gefn yn erbyn y wal. Teimlodd ei wyneb yn llosgi. Roedd y llais tawel yna, llais geiriau rhesymu ei dad, yn peri i'w stumog dynhau. Gwyddai fod y gofalwr ar ei ffordd am y drws, ond yna synhwyrodd fod y traed wedi stopio. Gallai ddychmygu'r gofalwr yn troi, ac yn camu yn ei ôl tuag at ei dad. Y llais fel petai rhywun â'i droed ar ei wddw.

'Be ddeudist ti rŵan?'

'Rhywbeth yn bod?'

Neidiodd Steff. Roedd Mr ap Robert yno yn y coridor yn edrych arno. Roedd wedi ymddangos fel rhith, ei sgidiau gwadnau meddal wedi ei gario yno o ryw oes o'r blaen heb smic, yn llwch sialc i gyd.

'Popeth yn iawn yma?'

Syllodd Steff arno. Fedrai o ddim ateb, ond yna daeth Robin at y drws, ei wyneb fel y galchen a'i ddyrnau ar gau.

'Popeth yn iawn, Robin?' holodd Mr ap Robert wedyn.

'Dydi'r uffarn yna ddim hanner call. Mae o isio peltan, ac os siaradith o efo fi fel'na eto, mi ceith hi 'fyd.'

Rhuthrodd Robin yn ei flaen heb aros i'r llall ddod allan. Hynny fyddai orau, mynd o'r ffordd. Doedd o ddim yn arfer teimlo fel rhoi cweir i rywun, ac roedd yn difaru'n syth gadael i hwn godi ei wrychyn fel yna.

Siop gebábs Mazul

B RON NA ALLAI Delyth gofio'r rhestr bwyd ar ei chof:
ChickenDonnerLambDonnerLambShishChickenShishDonner
ChickenWrapWithChilliMayo
WithGarlicMayo...

Gallai fynd yn ei blaen i'r sglodion a'r diodydd, y rhai poeth
ac oer, ond caeodd ei llygaid.

Roedd y ffotograffau lliwgar, tynnu dŵr o ddannedd, wedi
dechrau troi arni, a doedd hi ddim eisiau bwyd erbyn hyn.
Roedd hi'n gwybod bod rhywbeth o'i le. Doedd Craig byth yn
hwyr, os oedd hi'n aros amdano, rhag ofn. Doedd hi byth yn
siŵr rhag ofn beth. Rhag ofn i rywun ei dwyn hi mae'n debyg,
er doedd hynny ddim yn debygol ganol mis Ionawr mewn
tref fach glan môr fel Glan Morfa, a'r un car dieithr wedi dod
trwy'r lle ers dyddiau.

Cododd oddi ar y sil ffenestr eto i edrych am y canfed
gwaith i fyny'r ffordd i gyfeiriad yr ysgol, ond fedrai hi weld
dim, a gwell fyddai peidio cerdded draw am yr ysgol, rhag
ofn i Craig a Steff gymryd y ffordd arall, heibio'r Bedol a
thrwy'r stryd fawr, ac iddyn nhw fethu ei gilydd, neu fe allen
nhw fod yn mynd rownd a rownd mewn cylchoedd trwy
gyda'r nos.

'Can I get you tea, coffee, so you can wait?' Roedd y dyn
yma wedi bod yn ffeind, wedi dweud wrthi am beidio poeni,
newydd agor oedd o, a doedd o ddim yn cau am oriau, ac iddi

eistedd yn fan'na wrth y ffenestr, gan fod y gwynt yn ddeifiol a doedd hi ddim i sefyll allan ar y pafin i aros amdanyn hwyr

'It's not the cold you see, it's this weather that I hate. I'm no used to it you see, rain. It makes everything grey – no? Cold, I don't mind, but rain – no no!'

Roedd wedi dod trwodd o'r cefn efo mŵg mawr o de cryf, melys, ac roedd Delyth wedi ei sipian yn gwrtais, ac wedi teimlo'r melyster yn treiddio trwyddi.

'You are worried they forget? You text him?'

Gwenu wnaeth hi wedyn – doedd ei ffôn hi ddim ganddi. Doedd ganddi hi ddim un o'r ffonau newydd clyfar, ffôn fel un Craig. Ffôn fechan syml ar gyfer ffonio Bet oedd ganddi hi, ond roedd hi'n difaru peidio dod â'r ffôn efo hi, er doedd hi byth yn cysylltu efo Craig, rhag ofn ei fod ar ganol rhyw gyfarfod pwysig.

Agorodd y drws gyda hergwd, a daeth Steff i mewn, a Craig yn ei ddilyn. Roedd y storm wedi gostegu, ond gallai Delyth synhwyro bod ambell fellten strae ar ôl heb danio. Cododd yn sydyn, nes i weddillion y baned sboncio dros ei chôt. Aeth ati i fopio'n sydyn gyda'r hances bapur o'i phoced.

'Be dach chi isio?'

Doedd hi ddim eisiau bwyd bellach, felly petrusodd, ac aros i Steff ddewis.

'Be, Delyth?'

'Ym...'

'Ti wedi cael oes i ddewis.'

Edrychodd arni, ond fedrai hi ddim meddwl, roedd y lluniau i gyd yn nofio.

'Chips, un bach.'

Trodd Mazul yn ei ôl am y gegin i baratoi, ac eisteddodd y tri mewn tawelwch ar y fainc i aros. Daeth Mazul yn ei ôl a thalodd Craig. Roedd Mazul yn edrych ar Steff, yn ceisio cofio lle'r oedd wedi ei weld. Yna cofiodd y bag chwaraeon hwnnw, a'r bachgen bach eiddil oedd yn sefyll wrth y wal.

'Was that your bag? You got your bag back? Or no?'

Mae'n debyg nad oedd gan y bachgen hwnnw ddim i'w wneud â'r bag chwaraeon chwaith, ac roedd sbel ers hynny.

Edrychodd Steff arno, ei lygaid yn fawr, ac ysgydwodd ei ben.

'What bag?' gofynnodd Craig, a chydio yn y bocsys bwyd.

'Nothing, sorry, I think I must be wrong – got the wrong kid see, you all look like each other. No, I... sorry.'

Wedi bwyta aeth Steff i fyny i'w stafell – roedd ganddo waith cartre hanes, meddai. Rhoddodd y teledu bach ymlaen, ond gallai ddal i glywed y lleisiau'n codi o'r gegin.

Y Dyffryn

ROEDD NEIL WEDI cynnig cadw golwg ar Aneirin, rhyw gadw un llygad rhag ofn, ac addawodd Robin adeiladu silffoedd iddo fel diolch am wylio ei daid. Roedd angen silffoedd newydd arno yn y sied – honno oedd yn hanner sied a hanner tŷ gwydr, er mwyn cael ailbotio rhyw geraniums neu wneud rhywbeth felly, doedd Robin ddim yn siŵr. Doedd o ddim yn deall blodau.

'Orchids sy ganddo fo, ac nid isio'u potio nhw mae o. Dangos petha, fel mewn show,' meddai Aneirin o'i gadair, yn deall popeth, a'r *Daily Post* ar agor o'i flaen.

Roedd Neil wedi nodio, gan gytuno.

'He's right – I need more room for my display. I don't 'ave any geraniums, Rob – hate the smell of them.'

Beth bynnag, meddyliodd Robin, roedd dioddef Neil a'i wraig yn bosib fory, os câi lonydd i fynd i gerdded am sbel heddiw. Rhwng pawb – yr ysgol a Tegfan – roedd o angen ymneilltuo, dianc am y ffriddoedd.

Anadlodd, yr aer bron yn llosgi'r meinwe oedd yn ei gadw'n un darn, yn puro. Roedd hi'n un o'r dyddiau hynny pan fyddai hen bobl yn taeru mai peth felly oedd gaea' ers talwm, yn rhew caled a phob ffynhonnell ddŵr wedi rhewi'n gorn trwy'r dydd, a dim dadmer ynddi.

Dringodd Robin i fyny ar hyd hen ffordd drol uwchben y dref. Roedd Bleddyn wedi dweud wrtho unwaith am hanes y porthmyn yn dod ffordd yma wrth gerdded anifeiliaid o'r glannau draw am Amwythig a marchnadoedd mawr Lloegr. Ceisiodd Robin gofio popeth a ddywedodd Bleddyn wrtho.

Unwaith, roedd rhywun o ffwrdd wedi cyrraedd y Bedol, yn uchel ei gloch, gan gynnig darlith i bwy bynnag oedd am wrando am y ffordd drol hon, fel bydd pobl ddieithr weithiau, a selogion y Bedol wedi gwrando'n astud a nodio, gan feddwl, fel arfer fod pobl ddieithr siŵr o fod yn gwybod. A Bleddyn yno, yn gwrando yn y cefndir. Yna, wedi i'r dieithryn adael, byddai yna hen drafod.

'Esu, diawl o foi clyfar y boi yna, doedd? Gwybod rhywbeth am bob dim,' fyddai sylw Mel.

Ond dim ond ar ôl i'r 'boi clyfar' adael fyddai Bleddyn yn cynnig ei wybodaeth, a hynny wedi i Robin bwyso peth arno.

'Be ddiawl san ti, Bledd?' Byddai Robin yn flin weithiau. 'Pam na fasat ti'n ei gywiro fo, yn lle gadael i'r diawl bregethu yn fan hyn a chditha'n gwybod yn well.'

Codi ei ysgwyddau fyddai Bleddyn, gwenu, a rhoi ei drwyn yn ôl yn ei wydr peint. I be fyddai'n mynd ati i daflu perlau o flaen y moch, gwell oedd eu cadw iddo fo'i hun.

*

Dilynodd Robin y ffordd, a'r olion beics sgramblo wedi creu ffosydd dyfnion ar hyd-ddi, y dŵr yn y rhigolau wedi rhewi'n wyn. Chwiliodd am y gorlan roedd Bleddyn wedi sôn amdani, a'r adeilad garw oedd yn furddun bellach, lle byddai carcharorion yn cael eu cadw dros nos. Y rheiny oedd yn ddigon anffodus i gael eu cerdded efo'r gwartheg draw am lysoedd y gororau. Doedd fawr mwy nag ambell glawdd ar ôl, ond byddai'n sôn wrth Bleddyn, rhag ofn y câi fwy o wybodaeth ganddo.

Arhosodd, cyn dechrau tynnu i fyny tua'r bwlch, lle gwyddai y byddai'n gallu gweld y bae ar ei hyd, ac yn ôl dros y cymoedd, y dref wedi ei chuddio gan y graig uwch ei phen. Diolchodd Robin nad oedd yn gallu gweld Glan Morfa – doedd o ddim eisiau gweld gwep yr hen le heddiw.

Uwch ei ben cylchai barcud, yn ôl a blaen, rownd a rownd, a chododd tri aderyn ar eu hadenydd duon i'w ymlid, neu i'w herio i weld pwy allai hwylio'r awyr uchaf – cigfrain, a'u crawc yn torri fel llafn trwy'r awyr oer. Plymiodd y barcud, a gallai Robin weld y disgleirdeb o dan yr adenydd, fel petai'r haul yn treiddio i'r plu gwynion ac yn eu rhoi ar dân. Roedd o'n hardd, yn rhith o greadur chwedlonol, yn codi a gostwng ar yr awel – y cigfrain yn ddim ond cysgodion yn ei ddilyn. Ar hyd yr allt roedd sypiau o wlân wedi'u gwasgaru gan y gwynt, y celanedd yno i frwydro drosto. Byddai'r adar yn disgyn i fwydo oddi ar yr esgyrn, gan gymryd ohonynt hen reddf fyddai'n eu clymu wrth y ffriddoedd, yn eu llenwi gyda'r gallu i oresgyn yno ar yr ucheldir.

Aeth Robin yn ei flaen, heibio'r briglach a'r brwyn, i fyny nes roedd yn sefyll yn y bwlch rhwng y bryniau, sŵn y nant yn llifo ymhell oddi tan y ddaear, wedi ei gollwng o'r tarddiad ac yn byrlymu yn ei blaen. Gwyddai Robin am y dŵr yn rhuthro, yn sgrialu dros y cerrig, yn gwthio trwy wythiennau'r ffriddoedd gan sugno'r maeth o'r mawn ac yna'n ei gario i lawr tua'r môr. Ond er y cyffro o dan groen y tir, roedd wyneb y dŵr yn llonydd a'r rhew yn glo.

O'i flaen gorweddai'r bae yn llonydd, a thes yn cuddio braich Llŷn. Gwyddai ei bod yno, rhywle draw rhwng y môr a'r awyr, yn gadarn a solet. Yn nes ato gallai weld cip ar y dyffryn, ambell i dyddyn gwyngalch wedi eu sgeintio fel blawd yma ac acw ar y llethrau, yn dai ha' neu dai gwyliau; ambell un wedi ei achub gan rywrai o ffwrdd oedd wedi buddsoddi ffortiwn fechan i achub y waliau a'u hadfer i'w hen symlrwydd, wedi chwilio mewn iardiau sgrap am fisoedd am yr union bentan haearn, neu wedi cyflogi saer i ail-greu ffenestri bychan o bren caled, fyddai'n chwyddo efo'r awyr llaith oedd yn chwipio i mewn o'r môr. Wedi adfer y tyddyn i'w hen ffurf werinol, popeth yn union fel yr arferai fod, heblaw nad oedd yna neb ar ôl i bicio heibio am dro gan roi cnoc ysgafn ar gwarel y ffenestr i ddweud eu bod nhw yno, ac yna i eistedd wrth y pentan i sgwrsio.

Craffodd Robin i lawr tua'r môr. Gallai weld cip o'r ffordd tua Glan Morfa, efo'i siopau trin gwallt a'u paent yn plicio, yr ysgol a'i chymysgfa o eneidiau cymhleth y plant wedi eu rhwydo i ddilyn ôl traed blinderus, rhagweladwy eu hathrawon a phawb arall o drigolion y dref fechan flêr honno. Daeth awydd drosto i godi fel y barcud, i godi o'r tir ac esgyn uwchben ac i ffwrdd, draw am Enlli efallai neu unrhyw ynys petai ond yn cael dianc am ychydig o drefn bywydau bychan, digyfnewid.

Gwthiodd ei sach gefn yn ôl i'w lle, rhoi hwb i'w feddyliau diflas oddi yno. Doedd o ddim eisiau meddwl am Degfan, na'r ysgol na dim. Dim ond mwynhau'r ucheldir, a sylwi, sylwi ar y rhew yn sychu'r pridd, yn troi'r darnau rhydd yn llwch golau, yn creu pibonwy dan y dorlan lle byddai'r nant yn rhedeg eto, wedi'r dadmer, o dan y crawiau carreg. Cerddodd yn ei flaen i lawr, gan adael y bwlch yn uchel o'i ôl, dilyn y ffordd drol, nes iddo gyrraedd y bont bwa garreg ar y gwaelod. Sylwodd ar y coed pinwydd tal yn arwydd i'r porthmyn fod llety ar gael yno, a chorlan i'r anifeiliaid. Sylwodd hefyd ar y coed mwy trwchus yn dechrau dod i'r golwg yn glystyrau hynafol, coedlannau fu yno ers cenedlaethau, yn dilyn rhediad y nant trwy'r hollt i'r ceunant, eu canghennau'n freichiau drychiolaethau o'r oes a fu, yn ymestyn yn ddisymud i'r awyr – popeth yn galed yn yr awyr lonydd.

Agorodd y giât haearn, a sylwi ei bod yn hongian yn gymen, dim angen gwthio na chodi, y cetynnau wedi eu gosod yn iawn a'r ddau golfach yn peri i'r haearn trwm symud yn rhwydd fel petai o ryw ddeunydd ysgafn, hyblyg. Daeth cefn tyddyn i'r golwg, y giât yn cau ar iard eang, braf. Petrusodd am funud, gan geisio meddwl lle'r oedd o. Aeth yn ei flaen a phasio talcen y tŷ. Sylwodd ar y twlc mochyn, wedi ei drwsio, er yn wag, popeth yn drefnus, chwaethus. Mae'n rhaid ei fod wedi cymryd y llwybr pellaf a gallai weld y ffordd fawr oddi tano, y tro annifyr hwnnw ar ffordd y glannau. Doedd o ddim wedi meddwl cymryd y llwybr hwn, ond byddai'n hawdd ailgodi eto a chwilio am y llwybr cywir, doedd o ddim am gerdded y ffordd fawr yn ei ôl. Deallodd lle'r oedd, roedd o wedi dod i lawr i gefn Llwyn-piod, a chofiodd mai teulu Heulwen oedd yn arfer byw yno. Byddai Heulwen wedi gallu dweud wrtho, mae'n debyg, am y llwybrau'n croesi driphlith-draphlith ar hyd y ffriddoedd yn fan hyn. Tynnodd y map o'i fag, a dod o hyd i lwybr arall yn syth. Trodd yn ei ôl i ailagor y giât.

'Bore da,' meddai rhywun. 'Wedi dod lawr yn rhy sydyn wyt ti?'

Roedd y dyn wedi dod o un o'r tai allan. Mae'n debyg fod yr hen feudy wedi cael ei newid yn anhedd-dy, neu stafelloedd aros, fel byncws efallai, meddyliodd Robin. Lle da i gerddwyr, er doedd dim golwg cerddwr ar hwn.

'Ia, mae'n ddrwg gen i ddod trwy'r iard.'

'Duwcs, 'di o'm bwys, siŵr. Jyst dalia i fyny at ben y ceunant acw ac mi gei di gamfa yn fan'ny i chdi fynd yn dy ôl am y gefnan yna.'

Nodiodd Robin. Roedd y dyn yn gyfarwydd. Caeodd y giât ar ei ôl a chofio – Wyn oedd o, y dyn hwnnw oedd yn holi am ei daid.

Tegfan

'GA I FYND â'r papurau yma o'r fan hyn?'
Cydiodd Delyth mewn swp o hen bapurau oedd yn un twr wrth ymyl y lle tân, papurau fu yno ers oes yr arth a'r blaidd yn ôl eu golwg nhw, yn frau a melyn. Craffodd Aneirin i'r gornel, a nodio. Doedd o ddim angen y papurau erbyn hyn a Robin wedi mynnu nad oedd o'n cael gwneud tân p'run bynnag, dim ond troi'r tân trydan ymlaen ac i ffwrdd – dyna'r unig beth roedd o'n cael gwneud bellach. Ymlaen ac i ffwrdd, ymlaen ac i ffwrdd. Robin oedd ar fai am wneud ei fywyd yn undonog fel yna, troi pethau ymlaen ac wedyn i ffwrdd. 'Trowch o i ffwrdd.' Yr un hen bregeth. Roedd y bachgen yn drysu, wedi drysu ei ben yn lân, yn mynnu bod rhaid rhoi pob dim i ffwrdd yn dragwyddol. Mi fasa fo'n licio rhoi Robin a'i ordors i ffwrdd weithiau hefyd, fel switsh ar y weierles.

Eisteddodd yn swp wrth y bwrdd. Doedd o ddim yn deall beth oedd yn digwydd o'i gwmpas, pobl ddieithr yn mynd a dod, ac yntau heb y syniad lleiaf pwy oedd pwy na be oedd be. Ond eto roedd hon yn ddigon ffeind ac mae'n debyg ei fod yn gwybod pwy oedd hi – petai Magwen yn dod adre, mi fedrai ei holi. Ond roedd hon wedi diflannu o hyd cyn i Magwen gyrraedd adre o'i gwaith.

Cododd Delyth y swp papurau, eu cario allan, a'u gadael yn y bocs wrth y drws cefn. Dilynodd Aneirin hi a safodd ar ben y grisiau gan afael yn y canllaw, yna chwiliodd trwy ei bocedi, tynnu'r ddalen o bapur brau allan a'i hestyn i Delyth.

'Waeth i hwn fynd hefyd. Mae o'n hen hanes erbyn hyn, tydi?'

Cydiodd Delyth yn y ddalen. Roedd rhywbeth wedi croesi wyneb yr hen ŵr, rhyw edrychiad nad oedd hi wedi ei weld o'r blaen, rhyw ennyd sydyn o eglurder.

'Taflwch o, wnewch chi?' meddai, ei lygaid gwan yn llenwi. 'Waeth iddo fo heb â dod yma i fy holi fi, wyddoch chi. Does gen i ddim ateb iddo fo, a dyna fo. Isio i mi ddeud mai fi oedd yno mae o, waeth iddo fod heb ddim. Mae 'na rai erill yn gwbod. Do'n i ddim yno, chi, dim ond Sel.'

Cymerodd gam tuag ato, a'i helpu yn ei ôl i'w gadair. Roedd wedi simsanu, ei law yn oer a chwyslyd, ei anadl yn fyr, a'i wyneb yn welw, ei lygaid yn wyllt, yn edrych arni, yn ei siarsio i anghytuno.

'Na, doeddech chi ddim yno, Mr Roberts, ni'n gwbod hynny.'

Roedd ei law hi'n dal yn sownd, ei afael arni'n dynn, yn ei thynnu'n nes ato. Doedd ganddi ddim syniad am beth roedd o'n sôn, ond roedd hi'n gwybod mai cytuno fyddai orau, peidio â'i styrbio. Doedd styrbio hen bobl byth yn syniad da. Eu dandwn oedd orau bob tro, cytuno, a gobeithio fod yr hyrddiad yn tawelu trwy wneud hynny.

'Mi wna i baned, ie Aneirin? Ac mae gen i Garibaldis.'

Eisteddodd yr hen ŵr yn ei ôl, a gwenu. Roedd hon yn hen hogan fach ddigon clên, doedd?

'Ma hi'n ddigon clên, sti, Heulwen, yr hogan bach 'ma.'

Roedd Delyth ar fin gadael, ond roedd Heulwen wedi cyrraedd ac wedi eistedd, a chynnig iddi hithau aros am baned. Doedd waeth iddi hynny ddim, gan nad oedd ganddi ddim byd arall yn galw. Byddai adre mewn digon o amser i wneud te.

'Mi a' i â rhai o'r hen bapura 'ma efo fi, Delyth, os nad oes otsh gynnoch chi. Handi i mi ddechrau tân.'

Rhoddodd Heulwen swp o'r papurau mewn bag a'u gadael wrth y drws. Roedd y ddwy wedi eistedd wedyn efo Aneirin, a hwnnw'n pendwmpian yn ei gadair.

'Ydach chi'n mwynhau eich gwaith, Delyth?'

Doedd Delyth ddim yn siŵr sut i ymateb. Oedd hi'n chwilio am ryw ateb penodol tybed?

'Ydw diolch.'

Eisteddodd y ddwy mewn tawelwch wedyn, y baned yn hir yn oeri.

'Ydach chi'n nabod yr ardal chydig yn well erbyn hyn? Wedi ymuno efo rhywbeth, wyddoch chi, mae yna glybiau yn y ganolfan hamdden yn yr ysgol...'

Arafodd y sgwrs wedyn, a gwenodd Heulwen arni. Beth oedd arni'n trio byw bywyd hon drosti? Llonydd roedd hi angen, wrth gwrs. Roedd hi'n ferch anodd, chwithig, gallai weld hynny rŵan, a gallai ddeall sut yr oedd ambell un o'r cymdogion yn ei gweld hi'n 'hen hogan sychlyd', a bod ei gŵr ar y llaw arall yn un digon clên, yn barod am sgwrs a gwên, eisiau cymysgu. Dyna sut y cafodd y swydd o hyfforddi'r criw pêl-droed mae'n debyg.

'Rydw i'n hapus iawn yma, diolch.'

'Mi fydd pethau'n well pan ddaw hi'n brafiach, ac mae'r awr yn mystyn, yn tydi?'

Fel arfer châi hi ddim trafferth i greu sgwrs, ond roedd ceisio cael unrhyw beth allan o hon fel rhedeg dŵr ar i fyny.

'Dwi am fynd ar y bws fory i'r Dyffryn, mae gen i ffrind yno sy'n grochenydd. Mae hi'n byw yn Llwyn-piod, hen gartre fy nain, lle braf, ac mi ddylia fod yn braf fory dwi'n meddwl, neu felly ma nhw'n addo.'

'Gobeithio bydd hi'n dwymach.'

Crynodd y ferch, fel petai rhywbeth oer wedi gyrru ias trwyddi, cododd, a chario ei chwpan trwodd. Cydiodd yn ei chôt a'i bag, a throi am y drws.

'Diolch, Delyth.' Cododd Heulwen a'i danfon allan.

Trodd Delyth yn ei hôl i wynebu Heulwen,

'Ga i ddod gyda chi fory?'

Roedd y cais yn un mor annisgwyl.

'Cewch, siŵr,' gwenodd Heulwen. 'Ddo i heibio chi toc wedi deg.'

Nodiodd Delyth a mynd yn ei blaen am y llwybr.

Aeth Heulwen yn ei hôl i'r tŷ. Roedd Aneirin yn dal i gysgu. Cyffyrddodd yn ysgafn â chefn ei law, ond doedd o ddim am ddeffro, ac roedd ei law yn ddigon oer. Rhoddodd y blanced grosio oddi ar gefn y gadair dros ei bengliniau, codi'r papurau roedd hi wedi eu dethol, a chau'r drws ffrynt yn dawel ar ei hôl. Symudodd y llenni drws nesaf rhyw fymryn. Byddai Neil heibio, felly, unwaith y byddai hi wedi mynd.

Wedi cyrraedd adre, tynnodd y papurau o'r bag, codi'r un oedd ar ben y twmpath a'i agor. Roedd hanes Sel yno, wrth gwrs. Roedd o'n euog, wedi ei garcharu, a fu Sel byth yr un fath wedyn, yn ôl y sôn. Ddaeth o ddim yn ei ôl i Lan Morfa, ond roedd rhywun wedi ei weld o unwaith yn Wrecsam, neu rywle felly, a golwg ddigon gwael arno. Toc wedyn ddaeth y newydd i'r dref ei fod wedi marw, ac nad oedd fawr o neb ond Wyn wedi bod yn ei angladd –Wyn a dau gefnder a gweithiwr gofal a chynrychiolaeth o'r eglwys – a neb arall yn gwybod dim o'i hanes. Roedd hi wedi dweud wrth Huw fod efaill ei dad wedi marw, ond aeth o ddim i'r angladd chwaith. Fedrai hi ddim ei feio, doedd o prin yn nabod ei dad, a doedd ganddo ddim cysylltiad â Sel. Doedd dim disgwyl iddo fynd, na hithau chwaith.

Doedden nhw ddim wedi cadw cysylltiad â'r un o'r ddau, a phetai hi'n onest doedd hi ddim eisiau cael ei chysylltu gyda rhywun fu'n gyfrifol am y fath drychineb. Cwestiynodd ei hun droeon – a ddylai hi fod wedi gwneud mwy o ymdrech i gymodi? Wedi'r cwbwl doedd Sel ddim wedi bwriadu lladd neb. Ond dyna wnaeth, ac roedd derbyn maddeuant ardal gyfan yn anodd ei gyrraedd.

Darllenodd y stori eto.

Roedd popeth yno, am y cwpwl a fu farw yn y fan a'r lle, meddwyn yn gyrru ei gar Capri ar ochr anghywir y ffordd, y plentyn bach gafodd ei dynnu o'r ddamwain yn amddifad. Ac yno roedd yr hanner stori arall honno, fod amheuaeth y gallai rhywun arall fod yn y car efo'r gyrrwr meddw, ond iddo ddianc. Aeth pob trywydd i ddod o hyd i'r ail ddyn yn ddim, doedd neb yn gwybod, neb am ddweud. Caeodd y ddalen yn sydyn, a theimlo'n benysgafn.

Meddyliodd wedyn am Aneirin, yn hen ŵr bellach, yn pendwmpian yn ddryslyd. Roedd o wrth gwrs wedi mynnu mai Sel oedd wedi dod yn ei ôl. Roedd hi'n gwybod nad Sel oedd o, ond roedd hi wedi gobeithio mai cyboli roedd o, nad oedd yna ddim ond rhith wedi disgyn oddi ar y bws y noson honno, a hithau'n noson niwlog ar ddechrau'r gaea'. Ond hawdd fyddai camgymryd dau efaill. Roedd Robin wedi bod heibio rhyw ddiwrnod i'w holi os oedd hi'n gwybod rhywbeth am ddyn oedd wedi bod heibio ei daid.

'Wyn ydi ei enw fo, Heulwen.'

'Ia, wn i,' oedd y cwbl fedrai hi ddweud. Teimlodd hiraeth rhyfedd am y gwenyn. Byddai'n mynd i lawr i'r rhandir i'w bwydo, dim ond i wneud yn siŵr eu bod yn iawn.

Llwyn-piod

DIFARODD YN SYTH ddod â hon efo hi. Ond sut fedrai hi fod wedi gwrthod, a hithau wedi gofyn? Doedd hi ddim wedi dweud fawr ddim ers iddi fynd heibio'r tŷ i gnocio. Ddaeth hi ddim i'r golwg am hydoedd, ac roedd Heulwen wedi hanner gobeithio ei bod wedi newid ei meddwl. Daeth i'r drws ymhen sbel, ei chôt yn edrych yn fwy byth amdani heddiw. Wyddai Heulwen ddim sut y gallai weld i ble'r oedd hi'n mynd, efo'r hwd mawr yna mor bell dros ei hwyneb, a ph'run bynnag, doedd dim angen hwd o gwbwl, a hithau'n fore braf o Chwefror.

Eisteddodd y ddwy ochr yn ochr, nes i'r bws ddod i stop.

'Dydi o ddim yn bell o fan hyn.' Roedd y bws wedi stopio ychydig heibio'r tro, fel bob amser. Roedd Delyth wedi aros am funud i'r bws symud, ac wedi dilyn Heulwen wedyn ar hyd ochr y ffordd tua'r giât haearn.

'Hen le annifyr braidd ydi fan'na.'

Nodiodd y ferch a chychwyn yn ei blaen am yr allt. Roedd Heulwen yn gorfod brysio i'w dal, er doedd waeth iddi gymryd pwyll a cherdded ar ei hôl hi, doedd hon yn amlwg ddim eisiau sgwrs.

Roedd Delyth wedi aros amdani wrth yr adwy. Doedd hi ddim am fynd i mewn hebddi felly. Roedd y lle'n dawel, ac am funud difarodd Heulwen nad oedd hi wedi gwneud yn siŵr fod Jan yma a bod y lle ar agor. Doedd hi ddim wedi bod yn ei hôl yma ers cyn y Nadolig.

Arhosodd Heulwen am funud i gael ei gwynt ati – doedd hi ddim yn colli ei hanadl fel arfer. Teimlai'n anesmwyth. Doedd pethau ddim yn iawn rywsut, ac eto, roedd bod yma yn ddigon. Arhosodd i'w chalon dawelu. Pwysodd yn erbyn clawdd yr ardd, yr eirlysau'n sypiau yma ac acw, fel tameidiau o les wedi eu gadael.

Synhwyrodd fod Delyth yn edrych arni, a chododd ei phen yn sydyn, a theimlai'r tawelwch arferol oedd yn dod drosti yn Llwyn-piod yn llithro ymhellach. Teimlai bron fel petai rhywun wedi trio cymryd mantais arni, yn flin ac anesmwyth, yn gwthio ei ffordd i rywle oedd yn sanctaidd iddi hi. Ei lle hi oedd fan hyn – doedd hi ddim angen bod â gofal am hon yma.

'Sori, Heulwen.' Roedd y ferch wedi edrych arni, yn syth arni, heb wyro ei llygaid fel roedd hi'n arfer ei wneud. 'Sori 'mod i wedi rhuthro fel'na. Dylwn i fod wedi aros amdanoch chi.'

'Na, dim angen, siŵr.'

'Y'ch chi'n iawn?'

'Ydw, dwi ddim mor heini ar ddiwedd gaea' fel hyn. Dim digon o bethau i'w gwneud i'm cadw i'n ffit, mae'n debyg.'

Gwenodd Delyth arni. Teimlodd Heulwen ei hun yn edifarhau. Beth oedd arni'n teimlo'n ddig wrth hon?

'Gobeithio fod rhywun yma, yndê, a ninna wedi mynd i drafferth i ddringo'r allt yna.'

Ysgafnhaodd ei llais ac aeth at y drws. Roedd o ar agor ond doedd dim golwg o Jan chwaith. Petrusodd y ddwy, yn amharod i fynd i mewn a'r lle'n wag, ac eto, roedd y drws ar agor.

'Siop ydi fan hyn?'

'Ia, wel, mae Jan yn gwerthu crochenwaith, a rhyw gardiau

ac ati, ond mae'n dawel mae'n debyg rŵan yn tydi, ym mis Chwefror. Fawr o bobol ddiarth o gwmpas, yn nag oes?'

'Na, ond mae'n siŵr fod e'n iawn i ni fynd i mewn os ydi'r drws ar agor?'

Safodd y ddwy yno ar ganol y llawr. Roedd pwt o dân yn y grât, ond doedd dim golwg fod coedyn wedi cael ei roi arno ers sbel. Roedd y drws i'r gegin ar agor. Galwodd Heulwen, ei llais yn swnio'n od o denau rhwng y parwydydd. Gwthiodd y drws a chamu i'r gegin. Roedd popeth fel arfer yno, dim ond wedi picio i rywle mae'n debyg oedd Jan. Roedd petheuach byw yno ar y silff – te a choffi a siwgr, a'r llaeth heb ei gadw. A nodyn.

Doedd hi ddim wedi meddwl ei ddarllen, ond roedd hi wedi gwneud hynny bron cyn iddi sylweddoli.

Wyn

Rhaid cyfarfod Heulwen. Galla i ddod gyda ti.

Jan

Camodd yn ei hôl yn araf, ei thraed yn blwm.

11 Ffridd Uchaf

RHYWBETH EFO'R YSGOL oedd y noson, codi arian ar gyfer cae astro, fel bod ganddyn nhw le i'r clwb pêl-droed ymarfer, heb orfod poeni am gyflwr y gwair. Roedd Craig wedi cymryd at yr achos, ac roedd wedi cael ei ethol yn gadeirydd yr apêl. Roedd ganddo ymgyrch i'w rhedeg, a byddai cae newydd ar gaeau'r ysgol cyn pen y flwyddyn, neu byddai'n cymryd y methiant fel sarhad personol.

'Mae o'n mynd amdani, dydi?' Roedd Bleddyn wedi syllu i'w wydr peint wrth i Mel esbonio'r holl ddulliau roedd Craig wedi eu henwi i godi arian.

'Glywodd o am Haig, d'wad?'

'Pwy?'

'Field Marshal 'de – penderfynol o gyrraedd nod oedd hwnnw, sti. Glywist ti am y Somme, do, a Passchendaele? A'th hi'n flêr... uffarn o lanast, Mel. Mwd at eu ceseilia nhw.'

'Be ddiawl sy gin hynny i neud efo *astro turf*?'

'Y Craig 'ma, 'de. Isio gneud pob dim ei hun mae o. Neu isio'r clod be bynnag...'

Roedd Mel wedi ysgwyd ei ben. O leiaf roedd Craig yn trio, yn gwneud i bethau ddigwydd, ddim fel Bleddyn yn eistedd yng nghornel y Bedol, yn gwylio popeth, fel rhyw sylwebydd. Gwrando a gwylio, ei lach ar bawb oedd yn ceisio gwneud gwahaniaeth, yn amau pob symudiad, yn chwilio am fai o hyd, yn mwydro am ers talwm.

Ers talwm, roedd Mel yn gwybod bod pobl yng Nglan Morfa yn mynd i'r môr a boddi, neu lwgu. Fedrai Mel yn ei fyw â gweld rhamant ers talwm, ond doedd o ddim am ddweud hynny wrth Bleddyn chwaith.

'Peint?' Cododd. Roedd eisiau amynedd weithiau. Aeth at y bar lle'r oedd Eiri'n paratoi i adael.

'Fuest ti'n y clwb neithiwr, do Eiri? Weles i gip arnat ti. Noson fach dda, doedd?'

'Oedd, noson iawn. Es i adra'n reit gynnar. Y plant efo fi, doeddan?'

'Craig wedi'i blesio dwi'n meddwl, wedi codi pres da.'

'Siŵr, yn do. Weles i gip ar Delyth ei wraig o, 'de.'

'Ia, dwi'm yn siŵr amdani hi. Un o ffwr' ydi hi, yndê, dydi hi ddim yn deud lot, cadw yn y cefndir. Fasat ti'n meddwl y basa hi wedi helpu efo'r raffl ne rwbath, ond ista oedd hi yn y gornel, a'r hogyn efo hi.'

Nodiodd Eiri ac estyn y peintiau iddo.

'Ond noson dda. Edrych mlaen i'r nesa rŵan.'

Roedd Eiri'n gwybod, fel arfer, roedd hi'n noson dda i rai, a heb fod cystal i eraill.

Y bore hwnnw roedd hi wedi bod heibio Mrs Jones, ac roedd honno'n reit simsan. Ddim wedi cysgu rhyw lawer – unwaith roedd hi'n cael ei deffro fel yna, doedd dim posib ailafael yn ei chwsg. Efallai nad oedd hi'n clywed yn dda, ond roedd rhyw sŵn neu symudiad o'r drws nesa wedi ei deffro, sŵn drws yn clepian, neu hyrddiad wedi peri i'r palis grynu. Fedrai hi ddim bod yn siŵr mai drws oedd o, ond roedd hi'n cael ei deffro weithiau gan ddigwyddiadau felly. Mi fyddai'n styrbio wedyn, yn clywed lleisiau yn ei phen. Roedd hi'n taeru fod ei diweddar ŵr yno wrth yr erchwyn un noson, yn dweud wrthi am beidio poeni, fod popeth yn iawn, ac iddi fynd yn ei hôl i gysgu, nad oedd o byth yn bell.

Doedd Eiri ddim yn meddwl fod hynny'n debygol o'i chysuro. Hen snichyn, os cofiai hi'n iawn, oedd Mr Jones, na fyddai ddim cysur i neb gefn drymedd nos.

'Mi a' i heibio wedyn, Mrs Jones, jyst i weld ydi popeth yn iawn yno, ia?'

'Ia, ond peidiwch â dweud mai fi sydd wedi sôn, cofiwch.'

Roedd Eiri wedi symud oddi wrth y drws. Doedd Delyth ddim adre, mae'n rhaid, ond roedd y symudiad lleiaf wedi tynnu ei sylw, rhywbeth yn adlewyrchiad y ffenestr efallai, aderyn, neu rywbeth. Arhosodd wedyn, a sylweddoli fod Delyth yn y tŷ, fe wyddai hynny. Aeth yn ei hôl at y drws a galw. Arhosodd a phetruso. Oedd ganddi hawl mynnu bod hon yn dod at y drws? Ai busnesa oedd hi, yntau bod yn ffeind? Cerddodd at y giât. Fe allai alw eto. Yna daeth clic o gyfeiriad y tŷ, clo yn llithro, felly aeth yn ei hôl. Roedd y drws ar hanner ei agor, ac aeth Eiri i mewn.

Roedd Delyth yn ôl yn eistedd wrth y bwrdd. Sylwodd Eiri fod y te wedi gwynnu yn y gwpan, wedi bod yno ers hydoedd, heb ei yfed. Lapiodd Delyth y gardigan amdani a thynnu'r llewys llac i lawr dros ei garddynau. Am eiliad fedrai Eiri feddwl am ddim ond mor debyg i gyw aderyn oedd hi, un wedi disgyn o'i nyth ac ar ochr y ffordd, yn druenus, yn flêr a sgraglyd.

'Wyt ti'n iawn?'

Nodiodd, ei llygaid wedi'u hoelio ar y briwsionyn ar ganol y bwrdd.

'Wyt ti'n sâl? 'Na i banad, ia?'

Yr ateb i bopeth, meddyliodd Eiri – paned. Eisteddodd gyferbyn â hi wrth y bwrdd, a'r gweddillion brecwast yn dal arno. Sylwodd Eiri ar y darnau cornfflêcs wedi sychu ar ochr y powlenni. Dyna oedd yn digwydd pan nad oeddech chi'n golchi pethau'n syth, a chreu mwy o waith yn y pen draw.

'Be ddigwyddodd?'

'Fi sy ddim yn gallu neud pethe'n iawn – neud llanast o bethe o hyd.'

'Fel be?'

'Codi cwilydd arnyn nhw, ar Steff a Craig.'

'Pam, be 'nest ti?'

'Ges i win cyn mynd allan. Ddyle 'mod i heb, dwi'n gwbod.'

Chwarddodd Eiri wedyn, dim ond cur pen oedd arni, wedi gor-wneud pethau neithiwr, yn y noson pêl–droed, noson fawr Craig, a hwnnw wedi digio. Doedd hi'n gweld pethau felly bob wythnos bron a hithau'n sefyll y tu ôl i far y Bedol – gwŷr yn digio wrth eu gwragedd am fflyrtio ar ôl cael un yn ormod, a gwragedd yn digio efo'u gwŷr am fygwth waldio rhywun ar ôl downio deg peint, a methu deall yn y bore beth ddaeth drostyn nhw.

'Duwcs, paid siŵr – doeddat ti ddim mor ddrwg â hynny, nag oeddat? Pan weles i ti, roeddet ti'n iawn, be bynnag.'

Roedd y ferch yn edrych mor ddigalon, mor anobeithiol.

'Doeddat ti ddim mor ddrwg â ti'n feddwl, sti. A mi roeddat ti'n edrych yn dda, y gwallt byr yna'n dy siwtio di.'

Roedd ei llais yn rhy ysgafn, gwyddai hynny, yn ceisio'n rhy galed i godi calon hon, ond gwyddai Eiri nad oedd ei geiriau'n gwneud unrhyw wahaniaeth, tra oedd geiriau eraill yn sownd yn ei phen, yn troi fel llafn yn crafu, a'i fin yn naddu, gan adael dim ond amheuon.

'Does 'da ti ddim syniad faint o weithie fues i'n newid dillad cyn mynd, methu penderfynu dim. Ro'dd hi'n noson bwysig i Craig, ro'dd e isie fi ar fy ngore, a fi'n neud ffŵl ohona i fy hunan. Doedd Steff druan ddim yn gwbod be i neud.'

'Roeddat ti'n edrych yn dda.'

'Ddyliwn i ddim fod wedi gwisgo'r ffrog 'na...'

'Gwranda Delyth, fasat ti'n dod efo fi pnawn 'ma? Dwi angen help i godi carped o'r rŵm ffrynt.'

Gallai geisio cael Delyth allan o'i chragen, ond byddai'n ymdrech. Gallai ei chael oddi yma am ychydig, ond gwyddai mai yn ei hôl y byddai'n mynnu dod o hyd. Roedd Eiri wedi gweld merched fel hi, dro ar ôl tro, yn mynd yn eu holau i drio eto, i roi mwy, i newid fel hyn, i newid fel arall, i addo, i amau, i gasáu, ac i addoli ond, yn y diwedd, i fethu. Ac yna, bron bob tro, i dderbyn eu bod wedi eu gwneud yn is na'r angylion, llawer iawn yn is. Roedd Delyth yn gwybod na fedrai fyth esgyn i'r entrychion fel Craig, gan mai un felly oedd hi, a dyna fo.

Y rhandir

ROEDD Y GWANWYN ar gerdded. Roedd yr wythnosau o law diddiwedd wedi dod i ben ac roedd canol Ebrill wedi cyrraedd yn lân a phur. Y dail yn blaguro, eu gwyrdd ifanc yn ysgafn a dilychwin. Ar bren tywyll y drain duon roedd y blodau gwynion bron yn llachar, a'r pryfetach yn heidio i'r petalau, ac ym môn y cloddiau roedd sypiau o friallu'n twchu yn yr haul.

Unrhyw ddiwrnod disgwyliai Heulwen weld y gwenoliaid yn eu holau, yn sgrialu o'u nythod dan do'r sied ar y rhandir, ac yn ei gweld hi'n ddigywilydd yn meiddio bod mor agos atyn nhw. Roedd hi wedi bod yn bwydo'r gwenyn, rhoi siwgr yn y cychod rhag iddyn nhw drigo, a rŵan roedden nhw wedi deffro unwaith eto, ac yn mentro allan. Gwyliodd nhw am funud, a bodloni. Roedd y paill yn felyn ar eu coesau ôl, felly byddai bywyd yn parhau yn y nythod. Roedden nhw'n arbenigwyr ar adeiladu cartref, ar oroesi, ond eto'n fodlon mentro, yn fforwyr i'r eithaf.

Cofiodd am yr hen arferiad o siarad â'r gwenyn, rhag iddyn nhw ddigio. Wyddai hi ddim yn iawn ble y clywodd hi hynny. Fyddai ei thad ddim wedi credu mewn arferion felly, dim ond efo ei Dduw fyddai o'n siarad. Efallai mai ei nain oedd wedi sôn wrthi, fod yn rhaid cyfleu newyddion wrth y gwenyn, dweud pan fyddai geni neu briodas wedi digwydd, ac yn arbennig os byddai marwolaeth, rhag i'r gwenyn ddigio a threngi eu hunain.

Doedd hi ddim wedi gweld Wyn. Doedd o ddim wedi mentro heibio'r tŷ, a doedd hi ddim chwaith wedi gadael i Huw wybod ei fod yn ei ôl yn yr ardal. Pa les wnâi hynny? Doedd o erioed wedi adnabod ei dad, a go brin y byddai'n gweld yr angen i'w adnabod rŵan. Fedrai Wyn roi dim materol iddo nad oedd ganddo yn barod. Doedd Huw ddim wedi holi llawer am ei dad erioed, dim ond unwaith pan oedd yn blentyn, wedi i rywun yn yr ysgol ei herio nad oedd ganddo dad, ac yntau wedi rhedeg adre'n crio. Roedd Heulwen wedi dweud wrtho am Wyn, fod ganddo dad wrth gwrs, ond nad oedd o wedi dewis aros efo nhw yng Nglan Morfa, ac nad oedd hi wedi dewis ei ddilyn yntau i gamp y fyddin i dde Lloegr. Doedd Huw ddim wedi holi wedyn, ac wrth iddo drawsnewid o ddiniweidrwydd plentyn i chwithdod llencyndod, roedd rhyw hollt wedi dod rhyngddyn nhw a oedd yn gwneud trafod pethau fel tadau absennol yn amhosibl.

Ac eto, roedd Heulwen am gael dweud, am drafod dychweliad Wyn efo rhywun. Doedd dim diben trafod efo Aneirin, er fod ei iechyd yn weddol, a'r gofal roedd o'n ei gael gan Robin a help Delyth fel petai wedi ei sefydlogi rywfaint.

Doedd Heulwen ddim wedi mentro yn ei hôl i Lwyn-piod chwaith, er mai yno fel tenant yr oedd Wyn, wedi cael lle gan Jan yn un o'r tai allan roedd hi wedi eu haddasu ar gyfer cerddwyr. Fedrai Heulwen ddim perswadio ei hun i fynd yn ei hôl yno.

'Mae o yn ei ôl – tad y bachgen. A dydw i ddim yn gwybod be ddylwn i wneud.'

Dim ond sibrwd y geiriau o fewn clyw'r gwenyn. Teimlodd yn wirion yn syth. Beth petai rhywun wedi ei gweld hi? Mi fyddai yna hen siarad – Heulwen yn dechrau siarad efo hi ei hun, yn drysu; ond roedd dychweliad Wyn yn ei hanesmwytho.

*

Robin oedd wedi sôn wrthi, ei fod wedi dod yn ei ôl i Degfan un diwrnod heb i neb ei ddisgwyl, a bod lleisiau'n dod o'r stafell ffrynt. Roedd wedi clywed ei daid yn troi ar Wyn, ei lais wedi codi, wedi gweiddi arno, nad oedd i ddod yno wedyn, a'i fod wedi dweud digon wrtho. Doedd Robin ddim wedi mynd i mewn atyn nhw'n syth, ond wedi aros am funud i wrando. Roedd y lleisiau'n codi a gostwng, ac roedd yn anodd weithiau dirnad pwy oedd yn siarad.

'Dwi isio gwneud yn iawn i Sel am be ddigwyddodd iddo fo, Aneirin. Ti oedd efo fo, yndê, a ti oedd yn dreifio'r noson honno. Ti'n gwybod cystal â finna fod Sel yn ddreifar da, fasa hynny o gwrw gafodd o ddim wedi dylanwadu fel'na arno fo. Chdi gymrodd y goes a gadael i Sel gymryd y bai. Doedd yna neb ond fo yno, nac oedd, neb ond fo ar ôl i gymryd y bai. Waeth i ti gyfadda ddim, mae'n rhy hwyr i ddim ddigwydd i ti bellach. Dim ond isio clirio ei enw fo ydw i, Aneirin, mae o'n haeddu gymint â hynny. Mi ddylia gael gwbod y gwir, sti, y plentyn gollodd ei fam a'i dad – nid Sel na'th ei wneud yn amddifad, ond ti.'

Roedd Robin wedi clywed Aneirin yn cythru am ei ffon, ac aeth i mewn, ond doedd ei daid ddim fel petai wedi ei weld. Roedd ei lygaid yn wyllt a'i figwrn yn wyn, lle'r oedd wedi cydio am ei ffon.

'Dwyt ti ddim i ddod yma eto'r cythral! Diawl drwg fuodd o erioed, a chditha'n cadw'i gefn o bob cynnig.'

Ond doedd Wyn ddim yno, dim ond ei daid ar ben ei hun a'r drws yn gilagored.

'Oedd o'n deud y gwir, dach chi'n meddwl, Heulwen? Oedd gan Taid rywbeth i'w wneud efo'r ddamwain yna? Ydach chi'n cofio?'

Roedd Heulwen wedi ysgwyd ei phen. Na, doedd hi ddim yn cofio, roedd hynny ddeugain mlynedd yn ôl bellach.

*

Caeodd Heulwen y giât ar ei hôl. Byddai'n mynd draw i Degfan i edrych am Aneirin. Ddylai Wyn ddim mynd yno i darfu ar yr hen ŵr a chodi hen grachod. Gadael i bethau fod fasa ora. Ac i beth fyddai'r un gollodd ei rieni angen gwybod bod amheuaeth pwy oedd y gyrrwr y noson honno? Roedd y llys wedi cael Sel yn euog, wedi edrych ar yr holl dystiolaeth, siawns, ac wedi rhoi'r ddedfryd.

Nid Sel yn unig gafodd ddedfryd chwaith. Fu dim byd yr un fath am amser hir yng Nglan Morfa wedyn. Roedden nhw i gyd dan ddedfryd rywsut; methu anghofio, methu symud yn eu blaenau, cysgod dros bopeth. Ni fu sioe y flwyddyn honno – nid fod hynny o bwys, ond bob tro roedd dathliad i fod, roedd y trefnwyr yn amau doethineb dathlu. Sut fedren nhw gynnal rhywbeth mor ffuantus â sioe ar ôl digwyddiad mor erchyll? Fyddai hi ddim yn weddus rhoi byntings a thrimings i fyny ar hyd y dref i ddathlu dim. Ac felly bu hi nes i'r cof ddechrau pylu, i blant adael cartref, mynd yn eu blaenau i waith, priodi, cael plant eu hunain, symud i ffwrdd a phobl newydd ddod yn eu lle. Hyd nes i ryw fath o ddeAlltwriaeth ddisgyn dros y trigolion fod yr amser wedi dod i roi'r ddamwain o'r golwg, i drio anghofio. Erbyn heddiw, doedd neb o'r criw iau yn gwybod dim am y ddamwain. Roedd yna drasiedïau eraill wedi digwydd, tor calon newydd wedi disgyn dros y dref, sawl gwaith, a phawb wedi gorfod symud yn eu blaenau. Doedd y genhedlaeth newydd yn cofio dim am y peth, ond byddai eu teidiau a'u neiniau'n dal i'w rhybuddio i 'wylio hen dro'r Dyffryn yna, rhag ofn'.

Siop gebábs Mazul

'Ti isio tsipsan?'

Roedd Steff wedi llwyddo i beidio gorfod aros am ei dad ar ôl yr ysgol. Roedd Miss Gwinnel wedi trefnu bod criw ohonyn nhw yn mynd i hel sbwriel ar y traeth heddiw, roedd rhywun arall ei angen ddoe. Roedd ganddo rywbeth ar ôl yr ysgol bob pnawn bron, dim ond nos Wener roedd o wedi gorfod mynd adre efo'i dad. Weithiau, pan oedd pethau'n dawel adre, ceisiai aros mor hir â phosib cyn gorfod dringo'r llwybr o dan y Graig Fain ac yn ei ôl adre. Dro arall, byddai'n brysio yn ei ôl. Roedd wedi datblygu rhyw chweched synnwyr oedd rhywsut yn dweud wrtho fod angen iddo fod adre.

'Ti isio tsipsan, neu gei di'r chicken nugget yna os lici di? Dwi'n *stuffed* 'ŵan 'de.'

Roedd Bach wedi aros i glirio hefyd, y ddau wedi dod i gytundeb dieiriau y bydden nhw'n sticio efo'i gilydd, ac roedd Miss Gwinnel wedi eu canmol am mai nhw oedd wedi hel y nifer fwyaf o'r bagiau bìn. Efo'i wobr roedd Bach wedi mynd yn syth at Mazul i nôl ei de.

'Na, dwi'n iawn, ga i swper ar ôl mynd adre.'

Roedd y ddau wedi eistedd wedyn i wylio'r dref, er nad oedd fawr i'w wylio, gan fod popeth ar gau. Ond roedd Bach yn sylwi ar bethau – arwydd newydd yn fan hyn, rhywun newydd wedi symud i fyw i'r tŷ yna, rhywun arall wedi mynd;

yn fan'na mae honna ar sgwter yn byw, yr un â'r ci bach yna mewn bag o hyd, a rhuban yn ei flew o. Doedd Bach ddim yn meddwl mai creadur fel yna ddylai ci fod, doedd ci ddim i fod mewn bag.

'Ci hiwj 'swn i'n cael, sti. Naci chwaith, un o rhai rasio 'na, ci ffast 'de. Dwi'n licio rheina, a dydyn nhw ddim yn byta llawar ma raid achos ti'n gallu gweld eu ribs nhw i gyd, dwyt?'

Chwarddodd Steff. Roedd bod efo Bach yn hawdd. Doedd y sgwrsio ddim yn gofyn am gymlethdod, dweud un peth a meddwl rhywbeth arall.

''Na i gerddad fyny efo chdi, ia?'

'Os ti isio.'

Pasiodd y ddau y lle bysys ochr arall i'r ffordd. Safai gwraig hŷn yno'n aros, ei chôt dros ei braich a'i throli siopa wrth ei thraed chwyddedig. Eisteddai Wyn yno hefyd, yn pendwmpian, ei fag ar y fainc wrth ei ymyl.

'Ti'n gweld y boi yna fan'na? Ma hwnna wedi dod yn ôl, sti. O fama oedd o'n dŵad stalwm, medda Taid.'

'Ble ma dy daid di'n byw?'

'Taid hen, hen ydi o, taid Dad; mae o'n bynglo hen bobol. 'Swn i ddim yn dod 'nôl yma 'de. 'Swn i'n mynd i ffwrdd, a 'swn i'n aros ffwrdd, sti. Ty'd, awn ni i sbio amsar bysys. Fedran ni fynd i Dyffryn dydd Sadwrn, sti – gwatsiad ffwti?'

Cododd Steff ei ysgwyddau.

'Falle.' Ond gwyddai na fyddai'n gofyn. Fe fyddai ei dad yn mynnu mynd efo fo, mae'n debyg.

Sythodd Wyn a symudodd y wraig y troli i un ochr efo ochenaid. Gwthiodd Bach heibio i gael golwg ar yr amserlen. Sylwodd Steff fod Wyn yn craffu arno, yn ei wylio. Symudodd yn ei ôl i du allan y lloches o'r golwg, ac aros i Bach ffeindio amser y bws ei hun.

'Dach chi'n mynd yn bell?' Gwenodd Wyn. 'Awydd mynd am dro dach chi'ch dau?'

'Ella.'

'Eith y bws yma ddim â chi'n bellach na Port.'

''Dan ni ddim wedi diseidio lle i fynd eto, jyst isio sbio...'

'Pwy ydach chi'ch dau felly?'

Anesmwythodd Bach y mymryn lleia – doedd o ddim wedi arfer cael pobl fel hyn yn ei holi. Symud o'i ffordd fyddai pobl fel arfer, neu gymryd arnyn nad oeddcn nhw wedi ei weld.

'Steff ydi o, dwi jyst yn dangos y lle iddo fo, cos 'di o'm yn gwybod am nunlla eto. Ma gin fo dad sy'n titsho sborts yn rysgol.'

Nodiodd Wyn, a gwenu. Roedd o'n hoffi'r bachgen main yma – roedd yn ei atgoffa o gyfnod arall.

'Oes ganddo fo fam?'

'Oes, ma hi'n *home help* – Delyth 'di hi.'

'O, ia.'

Aeth y ddau yn eu blaenau, am sbel heb siarad, yna arhosodd Bach a throi yn ei ôl i weld y bws yn cyrraedd.

'Ti'n gweld y boi hen 'na, ti'n gwbod o?'

Craffodd Steff ar yr hen ŵr yn esgyn i'r bws, ac ysgwyd ei ben.

'Na.'

'Rhyfadd 'fyd, o'dd o'n gwbod enw mam ti.'

Tegfan

Tynnodd Aneirin ei hances o'i boced, a disgynnodd y rhestr allan unwaith eto, papur taclusach, ond yr un rhestr. Darllenodd Aneirin y geiriau cyfarwydd. Doedd ganddo ddim tân trydan rŵan angen cofio ei ddiffodd. Roedd Robin wedi ei gadw gan fod mis Mai wedi cyrraedd a'r gwres yn codi'n gryndod oddi ar y tarmac. Os na ddeuai'r glaw yn ei ôl yn fuan, mi fyddai'n mynd yn ddrwg am ddŵr, y nentydd yn crebachu a'r llyn uwch y dyffryn yn sychu, a byddai'n rhaid rhoi'r gorau i ddyfrio gerddi Glan Morfa.

'Ti'n cofio'r ha' sych hwnnw, Heulwen? Doedd pob dim wedi sychu'n golsyn, doedd? Pa fis ydi hi rŵan, d'wad?'

'Mai.'

'Ia, Mai. O'dd hi'n sych y gwanwyn hwnnw hefyd doedd, Heulwen?'

'Saith deg chwech, yndê. Ond dydi ddim felly, sti, Aneirin. Mi fwriodd y gaea' 'ma, yn do?'

'Gwatsia di be dwi'n ddeud, felly bydd hi – ia, *seventy six* oedd hi 'de, dwi'n cofio, hen ha' annifyr, pob dim yn grimp, yr ochra 'ma uwch y traeth yn goch yndê, a'r gwair wedi llosgi.'

'Oedd, doedd, hen flwyddyn annifyr fuo hi o'i dechra i'w diwedd, Aneirin, ond waeth i ni heb â mynd 'nôl i fan'no rŵan, codi'r felan arnon ni.'

Ceisiodd Heulwen ysgafnu'r sgwrs. Blwyddyn y ddamwain. Doedd hi ddim am fynd yn ei hôl.

'Ydi Robin yn iawn? Dwi heb ei weld o i fyny yn y topia acw ers sbel, ond dwi'n cadw golwg ar y tŷ, sti. Does dim isio iddo fo boeni am hwnnw.'

'Pam? I ble mae o wedi mynd, Heulwen?'

'Nunlla am wn i, Aneirin. Mae o'n ei waith, tydi?'

Eisteddodd y ddau wedyn, gan glywed sŵn torri gwair a pheiriannau tywydd braf yn treiddio i mewn trwy'r ffenestr, ac ambell nodyn o ryw gân boblogaidd ar radio rhywun. Neil drws nesa, mae'n debyg, meddyliodd Heulwen, dyn felly oedd o, diystyriol, fel petai pawb yn y stryd eisiau gwrando ar yr un orsaf radio â fo.

'Ydi gwraig y dyn Neil yna'n gwneud rhywbeth, Aneirin?' I dorri ar y tawelwch.

'Neil? Ydi, mae o'n mynd rownd sioea a ballu, tydi?'

'Naci, nid fo – hi. Ydi ei wraig o'n gneud rhywbeth, wsti, gweithio?'

'Oes ganddo fo wraig, oes?'

'Oes.'

'Mi ddaw heibio'n munud i fy nôl i. 'Dan ni'n mynd i sioe rwla, sioe Nefyn sy heddiw, d'wad? Fydd o isio fi helpu efo'r bloda.'

'Na, dwi'm yn meddwl fod sioe Nefyn heddiw, sti.'

'Nadi?'

'Na.'

Cododd Heulwen. Roedd Aneirin wedi rhoi ei ben yn ôl ar gefn y gadair, a'i lygaid ar gau, fel petai'n ceisio ail-greu rhywbeth yn ei feddwl, yn trio cofio. Yn sydyn agorodd ei lygaid a chythru am ei ffon.

'Mae o'n ei ôl i greu helynt, sti, Heulwen.'

Am funud fedrai Heulwen ddim dilyn y sgwrs. Ai am Neil roedden nhw'n dal i sôn?

'Trio rhoi'r bai arna i mae o. Dwi ddim isio fo yn ei ôl rownd lle 'ma.'

Roedd Neil a'r sioe wedi hen suddo i ebargofiant.

'Na, ddylia Wyn ddim dod yma. Does ganddo fo ddim hawl dod i dy boeni di, Aneirin. Wyt ti am i mi fynd i'w weld o?'

Edrychai Aneirin mor fregus yno, yn ei gadair freichiau, ei lygaid yn wyllt, a'i gof yn llithro yma ac acw. Fe allai hi wneud rhywbeth, petai hi'n ddigon dewr. Gwyddai y gallai roi stop ar ymweliadau Wyn, ond byddai hynny'n golygu ei wynebu, mynd i'w gyfarfod, dweud pethau nad oedd hi wedi eu dweud wrth neb cyn hyn, ac nad oedd hi wedi meddwl byddai angen eu dweud byth. Ond fe allai hi.

'Mi fedra i fynd heibio fo i Lwyn-piod, sti. Dydi o ddim yn ei ôl o ddifri, dim ond lle gwylia sy ganddo fo yn fan'no, a rŵan fod yr ha' wedi dod mi fydd dynas Llwyn-piod isio'r lle ar gyfer bobol ddiarth, yn bydd? Mi fedra i fynd draw i'w weld o, sti, deud wrtho fo...'

Arhosodd Heulwen. Oedd Aneirin wedi cysgu, ei lygaid ar gau? Ond yna cododd ei ben.

'Neith o ddim gwrando, yn na neith? Dwi wedi deud a deud nad o'n i yno.'

'Wel, mi fydd yn rhaid i mi ddeud felly, bydd?'

'Ia, d'wad?'

'Ia, Aneirin, mi ddeuda i wrtho fo.'

'Be ddeudi di, Heulwen fach?'

'Deud wrtho fo nad ydi o i ddod yma eto, ac nad oeddat ti efo Sel y noson honno. Sut medrat ti fod?'

Edrychodd Aneirin arni am funud, cyn cau ei lygaid eto. Aeth hithau ato a gafael yn ei law.

'Mi a' i fory yli, ar bws cynta.'

'Be ddeudi di wrtho fo?'

'Y gwir 'de, mai efo fi oeddat ti noson y ddamwain, nid efo Sel.'

Llwyn-piod

R OEDD GAN JAN bobl eraill yn cyrraedd yn fuan. Twristiaid yn dod yno i chwilio am dawelwch a chyfle i lonyddu, neu i grwydro'r ffriddoedd a'r bryniau y tu cefn i'r tŷ. Ambell un eisiau mwy ac yn dilyn y ffordd yn ddisgwylgar i lawr i'r dref, ambell un yn ysgwyd ei ben yn syn, gan fethu â dirnad sut fyddai pobl yn fodlon aros mewn lle mor ddiarffordd a thlawd o ran cyfleusterau; fyddai hi ddim yn ceisio eu darbwyllo'n wahanol. Fyddai pobl felly byth yn gweld gogoniant od y lle, waeth faint y byddai hi'n trio esbonio.

Byddai'n rhaid gwneud y stafelloedd yn barod, a gofyn i Wyn adael, er fod ganddi stafell fechan ar ben y grisiau, yn y tŷ ei hun. Gallai gynnig honno iddo, mae'n debyg, ond byddai ei gael efo hi yn y tŷ yn tarfu arni hi. Roedd hithau angen ei lle ei hun hefyd. Byddai'n pwyso arno i orffen beth bynnag y daeth yma i'w wneud.

Roedd Heulwen wedi bod i fyny yn Llwyn-piod, wedi gofyn am gael ei weld. Ei hystum yn chwithig, nid fel y byddai fel arfer pan ddeuai heibio. Roedd rhywbeth ar ei meddwl ond doedd Jan ddim wedi holi. Doedd yr hyn oedd gan ddau fel Heulwen a Wyn, dau â hanes rhyngddynt, yn ddim i'w wneud â hi, ond doedd hi ddim am weld Heulwen yn cael ei styrbio. Ond fu Heulwen ddim yno'n hir.

Gadawodd cyn i Jan gael gair â hi, dim ond galw o'r giât ei bod hi'n mynd, ac y byddai'n ei gweld eto, gan nad oedd ganddi amser i aros. Wyddai Jan ddim am y sgwrs fu rhwng y ddau, dim ond cymryd mai trafod yr unig beth oedd yn gyffredin rhyngddynt wnaethon nhw – Huw. Fe ddylai Wyn fod wedi cyfarfod Heulwen ynghynt, yn lle gadael iddi hi ddod i chwilio amdano, ac wedi gorfod ceisio cymodi cyn hyn. Ymhell cyn hyn, fe ddylai fod wedi bod yno i Heulwen a'i mab, ond nid felly y bu, ac nid ar Wyn roedd y bai i gyd am hynny chwaith. Roedd Jan yn edmygu styfnigrwydd Heulwen, os mai dyna beth oedd wedi peri iddi aros, a magu Huw ar ei phen ei hun.

Ond roedd gan Wyn bwrpas arall dros ddod yn ôl i Lan Morfa. Doedd Jan ddim yn siŵr o'r pwrpas hwnnw. Welai hi ddim lles mewn ailgodi cof pobl yr ardal am y ddamwain eto. Gan nad oedd neb ar ôl bron yn cofio'r digwyddiad, byddai'n well gadael i bethau fod, gadael i bethau anghofiedig barhau i fod felly.

Ond er iddi ei holi'n ofalus sawl gwaith, gwyddai nad oedd Wyn yn dweud popeth wrthi. Roedd rhywbeth arall. Roedd yna reswm arall pam ei fod yma.

'Mi wnes i addo.'

Ond fyddai Wyn ddim yn ymhelaethu, doedd o ddim am esbonio mwy, a doedd ganddi hithau ddim hawl pwyso arno.

Trwy'r ffenestr gallai Jan ei weld yn cau drws ei stafell yn yr hen dai allan, ac yn rhoi ei law ar y clawdd bob hyn a hyn i'w sadio wrth iddo ddod ar hyd y llwybr ac i mewn i'r iard. Safodd wedyn i bwyso ar y giât, ei frest yn dynn, a daeth pwl o besychu budr drosto.

'Mi wnes i addo.' Welai Jan ddim sut y byddai hen ŵr truenus fel hwn yn gallu gwneud dim i gadw'r un addewid, a theimlodd drueni sydyn drosto. Setlodd Wyn i bwyso ar y giât, yr haul yn gynnes ar ei war, yn esmwytho'i esgyrn i gyd. Gallai gadw ei addewid i'w efaill Sel, dim ond i'r haul dreiddio i'w esgyrn, a rhoi hwb eto iddo.

Gwyddai Wyn fod Sel wedi gorfod byw gyda'r hyn ddigwyddodd, yr hyn a wnaeth. Ond nid llofrudd mo Sel, roedd o'n ddyn egwyddorol. Felly y meddyliai Wyn amdano – y brawd da. Gwneud camgymeriad wnaeth o, un camgymeriad a lywiodd weddill ei fywyd. Fo, Wyn, oedd y ddafad ddu i fod, nid Sel. Sel oedd yr un pwyllog, call, yn rhoi cyngor, yn gwylio cefn ei frawd, yn ei lusgo o helyntion byth a beunydd, yn cymryd y bai yn ei le, yn siarad ar ei ran, yn ei ddandwn a'i gysuro. Roedden nhw'n efeilliaid, yn deall ei gilydd, yn driw, fel y dylai brodyr fod, yn teimlo llawenydd a thristwch y naill a'r llall. Dod yn ei ôl ato i'r Bedol roedd Sel ar y noson ofnadwy honno. Ddylai Sel ddim fod wedi ei gau mewn carchar, nid dyna'r cynllun. Nid dyna sut roedd pethau i fod, ac roedd Wyn wedi gweld ei golli.

A rŵan fod Sel wedi marw, doedd neb ond Wyn ar ôl a fedrai gadw'r addewid honno.

Roedd yn rhaid gwneud yn iawn i'r plentyn amddifad hwnnw ddaeth allan o'r car. Ar ôl ei gyfnod dan glo, roedd Sel wedi dod o hyd i'r plentyn, wedi cael ar ddeall lle'r oedd yn byw, beth oedd wedi dod ohono, wedi gwylio o bell, wedi gwylio drosto, weithiau'n llawenhau ac weithiau'n pryderu. Ond byth yn ymyrryd. Tan rŵan.

Ac wedi i Sel farw, roedd gwaith y gwyliwr wedi disgyn ar ysgwyddau Wyn.

Sythodd, a chamu oddi wrth y giât lle bu'n amsugno cryfder yr haul. Llithrodd i mewn i dywyllwch y tŷ, a theimlodd Jan ei bresenoldeb yn y gegin fechan, a'r cysgod yn ymestyn hyd grawiau'r llawr.

'Mi fydda i'n gadael ddiwedd yr wythnos, Jan. Mae'n rhaid i mi fynd i weld rhywun.'

Nodio wnaeth hi, ond roedd wedi mynd allan yn ei ôl i'r haul, cyn iddi droi oddi wrth ei gwaith.

7 Ffridd Uchaf

IM OND NEWID washar oedd angen. Rhoddodd Robin y pethau yn ôl yn ei fag a'i godi ar ei ysgwydd. Joban fach hawdd, am unwaith. Tap yn dripian yn mynd ar nerfau rhywun, meddai Eiri, yn gallu gyrru pobl o'u coeau. Ond doedd Robin ddim yn meddwl y byddai'r dripian wedi poeni llawer ar Mrs Jones, ac yntau wedi cael cymaint o waith ei chael i glywed unrhyw beth roedd wedi ceisio ei ddweud wrthi. Ond gallai ateb yn gadarnhaol rŵan pan fyddai Eiri'n gofyn os oedd wedi bod heibio Mrs Jones bellach. Roedd o wedi bod yn gohirio'r job ers wythnosau, ond fedrai o ddim cyfadda mai ddim awydd mynd heibio tŷ Craig oedd o, a hwnnw'n byw am y wal â Mrs Jones. Roedd ceisio osgoi'r athro o gwmpas yr ysgol yn ddigon, heb sôn am fynd heibio'r tŷ.

Doedd Robin ddim yn un i osgoi neb fel arfer, ond roedd Craig Parry yn codi ei wrychyn dim ond wrth edrych arno fo yn ei dracsiwt. Ond rhywsut roedd pawb arall yn meddwl amdano fel hen foi iawn, halen y ddaear. Un am wneud yn lle dweud – mwy o bobl felly oedd arnyn nhw'u hangen yng Nglan Morfa, meddai pawb. Pawb ond fo. Mae'n siŵr mai nhw oedd yn iawn. Roedd o'n dueddol o gymryd yn erbyn pobl, ac efallai fod gan yr athro bwynt y diwrnod y cafodd y gwyllt fod drws y gampfa ar agor, a rhywun wedi bod trwy ei bethau. Mae'n siŵr y dylai Robin fod wedi cloi yn syth.

Ond heddiw doedd o ddim eisiau ei weld o. Doedd o ddim eisiau ffrae efo neb, dim ond bywyd tawel.

Caeodd ddrws Mrs Jones ar ei ôl, a throdd am y tai gwaelod tua'i res ef ei hun. Byddai'n picio adre am ychydig, torri a thocio peth ar yr ardd, a cheisio rhoi chydig o sylw i'r tŷ. Byddai'n rhaid penderfynu'r ha' yma beth i'w wneud. Roedd cadw'r tŷ yn wag fel hyn yn beth gwirion. Gallai ei osod, meddai Eiri, ei osod un ai fel tŷ gwyliau neu ar osod i rywun am gyfnod hwy. Byddai'n gwneud mwy o arian wrth ei osod fel tŷ gwyliau, ond fod yna waith trefnu peth felly, trefnu i lanhau, newid a golchi dillad gwlâu ac ati, a phethau digon trafferthus oedd pobl ar eu gwyliau, yn ôl y sôn, ac eisiau pob dim yn berffaith.

Na, ei osod tymor hir fyddai orau, am y tro beth bynnag, nes byddai'n gweld beth ddeuai o'i daid. Byddai'n holi Eiri. Efallai ei bod yn gwybod am rywun oedd yn chwilio am dŷ, neu mi fyddai'n gallu rhoi nodyn yn Siop y Groes.

Trodd i lawr yr allt am y rhes isa. Roedd Delyth yno'n pwyso yn erbyn y wal. Doedd o ddim eisiau gweld hon chwaith, er nad oedd hi wedi gwneud dim i'w ddigio. Roedd hi'n dda iawn efo'i daid mae'n debyg, er nad oedd o ei hun wedi ei gweld yn Nhegfan, roedd hi wedi bod yno a mynd cyn iddo ddod o'i waith.

Ond roedd rhywbeth amdani oedd yn ei anesmwytho, yn union fel y tro cyntaf hwnnw iddo ei gweld, pan roedd wedi hitio'r arwydd ffordd. Sylwodd ar ei dillad – dillad trymion, tywyll – a'r dydd yn drwm o wres fel roedd hi, gwres oedd yn eich tynnu tua'r ddaear, a thes dros y traeth i gyd. Tywydd taranau. Ac roedd gweld hon yn faich ychwanegol.

Sylwodd arni'n troi oddi wrtho. Oedd ei gŵr wedi dweud hanes y ffrae yn y gampfa tybed, a'i bod am droi ei thrwyn arno o achos hynny? Doedd dim bwys ganddo amdani, ac aeth heibio heb ei chydnabod.

'Boeth, tydi?'

Trodd, doedd neb arall yno. Nodiodd, a rhoddodd hwb arall i'w fag, a chamu yn ei flaen.

'Prysur?'

'Na, dim felly, dim ond trwsio tap Mrs Jones.'

Teimlodd Robin y gwres yn treiddio, y dafnau chwys yn pigo o dan ddefnydd ei grys ysgafn, yn aros ar ei war, ar hyd ei asgwrn cefn. Roedd hi'n rhy boeth i sefyll ar balmentydd yn trafod tapiau.

'Ma hi'n taro, yn tydi, yn llygad yr haul yn fama.'

Nodiodd hithau a symud i gysgod llwyn rhododendron.

'Ma hi'n glòs yn y tŷ, sdim awel i dynnu trwodd o gwbwl.'

'Nag oes... Yli, rhaid mi fynd, sti.'

Ond doedd hon ddim am symud, dim ond sbio arno fo, yn disgwyl iddo fo ddweud wrthi beth ddylai hi wneud nesa.

'Ella sa well i ti fynd adra, ista'n y cysgod?'

Damia hi, ond fedrai o ddim ei gadael chwaith. Oedd yna rywbeth wedi dod drosti efallai, rhyw wasgfa neu benstandod?

'Ydi Craig yna?'

Wyddai o ddim pam y gofynnodd, doedd ganddo ddim bwriad danfon hon at ddrws ei thŷ a chnocio i drio cael ei gŵr ati.

Ysgydwodd ei phen, 'Na.'

'Ti'n iawn? Ti'n sâl neu rwbath?'

Doedd o ddim yn siŵr sut y daeth hi i eistedd ar y fainc y tu allan i ddrws cefn ei dŷ, ond yno roedd hi, a fynta wedi brysio i godi'r goriad o'i chuddfan o dan y fainc, er mwyn nôl dŵr iddi. Roedd o wedi ei redeg am hir i'w oeri, ac wedi mynd â llond mwg ohono allan, ac eisteddodd nesa ati ar y fainc. Sylwodd ar ei dwylo'n fach am y mwg, a difarodd na fyddai wedi chwilio am rywbeth mwy cain i gynnig dwr iddi.

'Sori am y mwg, sgen i ddim gwydra.'

'Diolch.'

Teimlodd Robin yn chwithig. Doedd o ddim yn un da mewn sefyllfaoedd fel hyn, meddyliodd. Tybed fyddai'n werth iddo fynd i chwilio am Heulwen? Byddai ganddi hi well syniad, er, doedd hynny ddim yn deg chwaith, doedd Heulwen ddim eisiau cael ei phoeni efo problemau hon, os oedd ganddi rai. Efallai mai dim ond y gwres oedd yn effeithio arni.

'Sori am greu trafferth, a diolch am y dwr.'

Pwysodd y ferch ei chefn yn ôl ar y fainc. Roedd hi'n braf yno, yng nghysgod y portsh, a fedrai neb ei gweld hi chwaith, a'r goeden gelyn wedi tyfu'n drwchus, yn ei chuddio o'r ffordd. Fyddai neb yn ei gweld oni bai iddyn nhw ddod i mewn i'r ardd a rownd at ddrws cefn tŷ Robin. Caeodd ei llygaid, gallai guddio yno.

'Mae gen i chydig o waith tocio ar y coed, os wyt ti'n iawn yn fan'na.'

Cymerodd y mwg o'i llaw yn ofalus a'i roi ar y llawr wrth ei thraed.

'Ma'r dwr yn fan'na, yli, dos i mewn i nôl chwanag os byddi di isio peth.' Sylwodd fod ei dwylo, er y gwres yn oer. 'Fyddi di'n iawn yn fan'na. Welith neb mohonat ti.'

Bu'n brysur wedyn yn tocio a hel y coed a'r brigau marw draw at y ffos yng nghefn yr ardd. Aeth i dynnu'r torrwr lawnt o'r sied a gyrru hwnnw ar draws y strimyn bach o wellt glas oedd yn weddill rhwng y llwyni. Y fwyalchen yn hedfan heibio ei ben, gan ddwrdio a rhybuddio ei fod yn mynd yn rhy agos at ei phatsh hi a'i chywion, ac yn medru anelu ei hedfaniad yn hollol gywir yn ôl a blaen yn swnllyd rhwng y brigau. Roedd y fwyalchen wedi cael llonydd trwy'r gwanwyn fwy neu lai, a Robin wedi bod i lawr yn nhŷ ei daid. Mor fuan y byddai natur yn adfeddiannu gardd, ei throi'n wyllt, chwyn yn gwthio trwy'r craciau yn y llwybr, cwningod yn tyllu daearoedd dan y llwyni, a'r adar yn mentro eu nythod yn nes at ddrws y tŷ. Gardd y fwyalchen oedd hon, a Robin oedd y tresmaswr, ac roedd hynny'n iawn ganddo. Felly dylai fod.

Pan fyddai'n mynd ar un o'i deithiau cerdded, byddai'n aml yn ceisio mynd heibio gweddillion yr hen ffatri yn y Dyffryn, dim ond i weld sut roedd natur wedi adfeddiannu'r lle, y gwyrddni'n gwthio rhwng yr hollt yn y lloriau concrit, ac yn llithro rhwng sinc y toeau, yr eiddew'n plethu rhwng y trawstiau ac yn mynnu llacio gafael dyn ar y lle. Bob tro, byddai Robin yn cael rhyw bleser rhyfedd o weld sut roedd y lle'n dadfeilio a natur yn concro eto, fel petai rhyw damchwa wedi bod, Chernobyl o ddigwyddiad, a phawb wedi diflannu. Dim ond degawd neu ddwy arall a byddai'r ffatri wedi mynd.

Cadwodd yr offer gardd, a chlodd y sied yn ei hôl.

'Mwy o waith nag o'n i wedi'i feddwl,' meddai.

Roedd hi'n dal yno. Mae'n debyg ei bod wedi bod yn cysgu, wedi'i chyrlio'n belen yno ar y fainc.

'Faint o'r gloch yw hi?'

'Ddim yn hwyr, sti, tua tri. Ti isio chwanag o ddŵr? Ma hwnna'n gynnas bellach.'

Sylwodd Robin ar y siâp ar ei boch, siâp pren y fainc, a gwenodd.

'Gysgist ti'n drwm felly, a finna'n gneud yr holl sŵn efo'r peiriant.'

'Diolch, lle braf gen ti yma.'

'Ma'n iawn, ond dwi'm yma lawer, nadw? Efo Taid ydw i fel arfer.'

Nodiodd hithau, a chychwyn am y giât.

'Well i mi fynd. Diolch am y dŵr, ac am y llonydd.'

'Iawn, siŵr. Ti'n gwbod am y fainc yna rŵan, dwyt!' Aeth efo hi at y giât, ac edrych allan i'r rhes cyn symud i adael iddi hi basio. Wyddai o ddim pam yn iawn, doedd waeth ganddo fo i rywun ei gweld hi'n gadael, ond byddai'n well iddi hi beidio cael ei gweld, mae'n debyg, 'Bydd y fainc yna, sti, unrhyw bryd fyddi di angan lle tawal... neu rwbath felly.'

Wedi iddi fynd, rhoddodd oriad y tŷ yn ei ôl o dan y fainc. Gwyddai Delyth lle'r oedd hwnnw hefyd erbyn hyn, a rywsut roedd hynny'n gwneud iddo deimlo'n fodlon.

Llwyn-piod

'MAE O WEDI mynd, Heulwen,' gwenodd Jan, a symud i un ochr i adael i Heulwen ddod i mewn at y bwrdd.

'Paned, neu win?'

'Diolch, Jan, am bob dim. Mi gymra i wydraid o win efo chdi. Gawn ni fynd i'r ardd?'

Ac yno y bu'r ddwy a'u hwynebau am yr haul, a'r gwin yn oer ar eu tafodau.

Doedd dim byd ar ei ôl, dim arwydd ohono, dim hyd yn oed pant yn y glustog ar ei wely wedi iddo fynd. Ac erbyn hyn roedd pobl newydd wedi dod i'r hen feudy lle bu Wyn yn aros. Roedd pob ôl ohono wedi pylu, nid fod yno fawr ddim ganddo, dim ond y dillad oedd amdano fwy neu lai. Roedd y bobl ddieithr wedi gwirioni efo'r lle wrth gwrs, wedi cymryd at dawelwch hudolus Llwyn-piod, wedi sôn mor heddychlon oedd pethau yno, ac y byddai'n lle delfrydol i ddod i ddianc oddi wrth broblemau'r byd. Dim ond gwenu wnaeth Jan, a chytuno, wrth gwrs fod pobl yn cael tawelwch meddwl yma, yn dod i delerau efo pethau. Dyna fwriad y lle, a dyna pam y daeth hithau yma i ddechrau. Ond iddyn nhw gofio bod hud yn disgyn ar fannau anghysbell yn aml pan oedd y tywydd fel hyn, ac nad oedd pethau mor hudolus pan oedd yr eira'n lluwchio, a'r allt i lawr at y ffordd yn blymen o rew.

Bron nad oedd pobl wedi dechrau amau a fu'r dyn yno o gwbwl. Efallai mai rhith oedd o, wedi dod i mewn ar y llanw ac allan yn ei ôl efo'r trai. Roedd ambell un wedi ei weld yn cerdded Ffordd y Dyffryn, wedi canu corn ar rywun tebyg oedd yn mynnu sefyll ar y tro peryg, hen ffŵl. Ond prin cofio ei weld roedden nhw; ambell sgwrs gyda hwn a'r llall, dim ond cof byr o rywun fu'n holi yma ac acw, yn stwna ar gornel stryd, yn ymweld â hen gydnabod unwaith neu ddwywaith, a hwythau mor frau eu cof erbyn hyn fel nad oedden nhw'n siŵr ai cofio ymweliad flynyddoedd yn ôl yr oedden nhw. Dim ond ambell un allai ddweud i sicrwydd y bu yno, wedi ysgwyd ei law, a'i chael yn solat, wedi ei weld yn yfed a'r gwydr yn gwagio; wedi gwrando ar ei eiriau a chofio'r oslef honno yn ei lais, hen eco o'r Gymraeg y byddai'r hen bobl yn ei siarad yng Nglan Morfa, hen acen fel bydd weithiau gan rai fu i ffwrdd o'r ardal yn rhy hir, a'u Cymraeg wedi aros yno heb iddyn nhw ddeall.

Soniodd neb amdano wedyn trwy'r ha', ond er hynny roedd rhywbeth ohono wedi aros, wedi aros efo'r tes, rhyw gysgod yma ac acw, rhywbeth oedd yn gwrthod symud, am na ddaeth y glaw i'w olchi oddi yno. Ac oherwydd hynny, roedd rhyw anesmwythyd yno ar ei ôl, yn stelcian yng nghornel bar y Bedol, yn aros yn y cwt bysys, ar y creigiau o dan y twyni, ar ymyl y tro, ac yn stafelloedd ffrynt hen bobl, nes gwneud iddyn nhw weddïo am ddilyw i lanhau'r llwybrau ac i ddileu olion ei draed – i buro'r awyr o hen sibrydion a allai, o wrando arnyn nhw, yrru pobl o'u coeau.

'Ddaw o'n ei ôl, Jan?'

'Efallai.'

'Oedd o'n meddwl wir y byddai'n gallu clirio enw Sel?'

'Dwi'n meddwl hynny. Roedd yn frawd iddo, ac mae'n anodd weithiau, os ydych chi'n meddwl fod rhywun wedi, sut rydach chi'n dweud – cael cam – ie?'

'Ond pam dod yn ôl rŵan ar ôl cymaint o flynyddoedd?'

'Mae wedi bod o'r blaen, ond wedi i Sel farw, roedd o'n fwy blin, yn fwy *determined*.'

Eisteddodd y ddwy yno, a'r haul yn suddo'n belen, sŵn y gwenyn yn tawelu, a siffrwd adar trwy'r brigau'n clwydo, dim ond yr ystlumod yn deffro o'u syrthni.

'Ac roedd rhywbeth arall y tro hwn...'

Caeodd Heulwen ei llygaid. Doedd hi ddim am glywed mwy. Roedd hi wedi gobeithio na fyddai'n dod yn ei ôl wrth gwrs, doedd dim byd mwy fedrai hi ei wneud i'w gadw draw.

'Mae'r topia'n edrych yn bell eto, Jan. Ddaw dim glaw felly.'

'Na, ond mae'r ymwelwyr yn falch.'

'Dydyn nhw ddim yn gorfod cario dŵr.'

'Mae'r ffynnon yn dal yn iawn, ond maen nhw'n gweld o'n *novelty* chi'n gwybod, gorfod mynd i'r ffynnon.'

Gwenodd Heulwen. Oedden, mwn. Beth oedd yn dda gan rai!

'Rhaid i mi fynd cyn bo hir, dwi ddim eisiau colli'r bws olaf.'

Cododd, a chasglu ei phethau. Roedd ganddi daith i lawr at y ffordd, ond daeth Jan gyda hi i'w hebrwng, y ddwy yn aros yma ac acw ar hyd y ffordd i sylwi ar y gwyddfid yn y gwrych, neu ar arwydd cynnar fod y mwyar yn ffurfio. Popeth yn gynnar, y gwres wedi ffwndro'r tymhorau.

'Mae'r Cyngor am ddechrau gwaith ar y ffordd cyn bo hir, wedi i'r ymwelwyr adael, yn yr hydref dwi'n meddwl.'

'Ydyn nhw am sythu'r tro?'

'Ie, dwi'n meddwl.'

Gwichiodd y bws i stop, a chamodd Heulwen arno, cododd ei llaw ar Jan, ac eistedd. Roedd y gwres yn llethol, a theimlodd hi ddim ar droi a throsi'r bws wrth iddo rhuthro i lawr tua'r dref. Cysgodd yn drwm, a'i breuddwyd yn ddim ond hewlydd sythion, digysgod.

22 Maes y Gerddi

ROEDD Y CAR yn ei ôl. A hithau'n wyliau haf, roedd cael y car yno fwy neu lai'n barhaol yn fwy o dân ar groen Eiri, gan fod y plant adre ac yn mynd a dod, yn ôl a blaen ar hyd y stryd trwy'r dydd. Pan ddaeth dyn o'r Cyngor draw, doedd y car ddim yno wrth gwrs, ond erbyn yr wythnos wedyn roedd yn ei ôl. Ei gwatwar hi oedd o. Gallai daeru bellach fod gan y car wyneb, y ddwy lamp flaen yn llygaid a'r rheiny'n crechwenu arni. Doedd hi ddim wedi gweld y perchennog ers wythnosau.

'Ti'n *obsessed*, Mam.' Roedd Dona wedi gwneud y llygaid rheiny arni – y llygaid oedd yn codi gwrychyn ei mam ac yn dweud nad oedd hi'n mynd i wrando mwy ar ei rhygnu, a bod yn amser i honno gallio a chario mlaen efo'i bywyd yn lle mynd mlaen a mlaen am gar wedi'i barcio yn y lle anghywir. 'Ers pryd wyt ti'n blismon parcio, eniwê?'

'Dim dyna sydd, naci. Be tasa plentyn bach yn croesi ac yn cael ei hitio?'

Gwyddai na fedrai feiddio sôn am ei merch bellach fel y 'plentyn bach' roedd arni ofn iddo gael ei daro. Doedd Dona'n sicr ddim o'r farn ei bod hi'n ddigon dwl na diddeall i gael ei tharo gan gar.

'*As if*, Mam.'

A doedd hi wedi gweld fawr ddim ar Dona trwy'r gwyliau. Dim ond allan efo'i ffrindiau ar y traeth fu hi bron bob dydd, a doedd cynnig ei mam iddyn nhw fynd ar y bws i Ben Llŷn rhyw ddiwrnod, neu i wersylla efallai, ddim wedi ennyn brwdfrydedd chwaith.

Doedd chwithdod o weld ei phlant yn tyfu, a dim ei hangen, yn ddim help i'w hwyliau. Arni hi oedd y bai tybed? Wedi methu bod yno ddigon iddyn nhw ar hyd y blynyddoedd, yn rhuthro i fan hyn neu fan arall i weithio o hyd. Roedd Dona wedi newid o fod yn blentyn bach mor sydyn, doedd hi ddim wedi sylwi rywsut. Doedd hi ddim wedi sylwi tan bore 'ma pan ofynnodd Dona pryd fyddai ei mam adre o'i gwaith, achos roedd hi am i'w ffrindiau ddod draw, a doeddan nhw ddim eisiau oedolyn yno'n busnesa. Dim ond wythnosau'n ôl roedd Dona'n gofyn pryd fyddai hi adre o'i gwaith am nad oedd hi am fod adre hebddi.

Felly, pan gyrhaeddodd ei gwaith y tu ôl i far y Bedol y pnawn hwnnw, gwyddai bod ei hwyneb yn storm, a phan glywodd gan un o'r cwsmeriaid fod criw o blant newydd ei basio'n uchel eu cloch, yn chwerthin a gwthio ei gilydd i lwybrau pobl dim ond er mwyn cael hwyl, roedd ei hwyliau wedi trymhau mwy fyth.

'Bloody kids, cheeky little sods, and their language was an effin disgrace!'

Rhoddodd gwrw'r dyn i lawr efo clec, nes i'w gynnwys ddechrau chwydu dros geg y poteli. Gwgodd hwnnw, ac arthio dan ei wynt fod y lle i gyd yn dwll go iawn.

'Iawn, Eiri?'

'Wedi bod yn well 'de.'

Rhoddodd Bleddyn ei bres ar y cownter ac aros. Doedd Eiri ddim yn debygol o fod eisiau sgwrs, yn ôl ei golwg hi, felly gallai fentro aros am ei beint wrth y bar. Ond rywsut roedd yr olwg ddigalon arni yn llai bygythiol ganddo nag arfer.

'Be sy?' mentrodd.

'Ach, dwn i'm, sti. Jyst dipyn bach o hyn a dipyn bach o llall, 'de.'

'Gwres 'di o, sti, yn deud arnon ni i gyd.'

Nodiodd Eiri. Roedd Bleddyn yn gallu bod yn un dwl weithia hefyd. Beth oedd a wnelo'r gwres efo car wedi ei barcio mewn lle gwirion, a merch un ar ddeg oed yn mynnu nad oedd hi angen ei mam erbyn hyn, a hithau'n mynd am yr ysgol uwchradd ar ôl y gwyliau?

'Be fuest ti'n neud heddiw 'ta, Bleddyn?'

'Dechrau tyllu ar y ffordd ucha. Ma nhw am wella'r ffordd am y Dyffryn diwedd y flwyddyn 'ma.'

Ystyriodd fynd i'w gornel arferol, ond pan drodd a'i beint yn ei law, roedd rhywun yno o'i flaen, boi dieithr, ei fol wedi ffraeo efo'i shorts, a chrys fyddai'n codi cur pen. Roedd y ddynes hefyd â golwg arni, wedi bod ormod yn yr haul ac yn sied ffyrnig o goch, ei breichiau'n streips o binc golau, lle'r oedd strap rhyw ddilledyn wedi bod. Trodd yn ei ôl at y bar.

'Dydi'm yn bryd i'r bobol ddiarth 'ma fynd am adra, d'wad?'

Nodiodd Eiri, ond heb ychwanegu dim. Oedd rhywbeth yn bod arni?

'Ti di bod yma trw' dydd, Eiri?'

'Ers amsar cinio 'de.'

'Tan pryd?'

'Chwech. Wedyn bydd Ron yn ei ôl – dim ond deg munud i fynd, diolch i Dduw.'

Teimlodd Bleddyn y cwrw'n oer, yn hel y llwch o'i gorn gwddw. Roedd y bar yn dywyll ond roedd y gwres yn dal i dreiddio trwy'r waliau, ac yn peri i hen gwrw'r gorffennol oedd wedi suddo i'r lloriau droi popeth yn ludiog afiach. Doedd Bleddyn ddim wedi sylwi ar bethau felly o'r blaen.

'Gymri di un bach efo fi 'ta, Eiri, gan bo chdi jest â gorffan?'

Tynnodd Eiri beint iddi hi ei hun, a throi i dwtio peth ar y lle cyn gadael. Gallai glywed chwibanu Ron o'r cefn, aeth trwodd i ddweud ei bod yn mynd, a chododd ei bag a'i gwydr.

Eisteddodd y ddau ar y fainc yn yr iard. Gardd gwrw, meddai'r arwydd, ond sgwaryn concrit llychlyd oedd o, efo meinciau pren ansad, ac ymbarelo haul wedi ffedio'n llwyd yn hongian yn gam dros y bwrdd. Mi fuodd yno farigold neu ddau yn y potyn plastig wrth y drws, ond roedd y rheiny wedi hen farw o wenwyn nicotîn a sychder.

Yfodd y ddau mewn tawelwch, ogla'r casgenni cwrw yn gryf ar yr aer, a sŵn plant yn rhincian wrth i'w rhieni drio dal pen rheswm efo nhw ar ôl diwrnod ar y traeth. Dim ond strimyn cul o'r stryd fedren nhw weld o'r ardd gwrw, ond roedd yn ddigon i weld cip sydyn o fywyd – pram a babi'n strancio, ei het haul ar ei hochr, ei goesau'n swnd i gyd a phlentyn hŷn yn hongian ar gefn y pram yn gafael mewn rhaw a honno'n llusgo ar hyd y pafin, a golwg ar y tad fel petai o am dagu rhywun unrhyw funud, a'r fam yn cerdded dau gam y tu ôl iddyn nhw yn cario dau hufen iâ a'r rheini'n diferu dros ei dwylo. Cip sydyn, dyna i gyd. Dim ond digon i atgoffa Eiri mai da o beth oedd fod plant yn tyfu.

Chwarddodd a gwenodd Bleddyn arni.

'Bechod,' meddai Eiri, yn sychu ei hwyneb efo cefn ei llaw.

'Lle mae dy ddau di dyddia yma 'ta?'

'Allan yn rhwla o ben bora, sti. Reit braf arna i, a deud gwir.'

"Nest ti joban dda ar y plant 'na, Eiri. Hen blant iawn ydyn nhw, byth yn pasio heb ddeud rwbath, sti.'

Aeth Eiri â'r gwydrau yn ôl i'r bar. Roedd y ddau ddieithr wedi setlo, a photeli llawn o'u blaenau, fel petaen nhw am fod yno am y noson, rŵan fod Ron yno i'w ddiddanu. Gwyddai Eiri y bydden nhw'n gallu dweud 'Iechyd da' efo arddeliad erbyn diwedd y noson, y llosg haul wedi ei leddfu gan gwrw a chroeso Ron. Chwarae teg iddyn nhw, roedd pawb eisiau awr neu ddwy o sgafnder yma ac acw, debyg.

Mater o raid oedd i Bleddyn basio Maes y Gerddi ar ei ffordd adre, peth bach felly oedd cynnig pàs i Eiri. Ceisiodd symud rhywfaint o'r llanast oddi ar sêt ffrynt y pic-yp – helmed waith, anfonebau a biliau llychlyd – a defnyddio hen grys i sychu'r llwch oddi ar y sêt. Gwenodd yn ymddiheugar, dim ond rhai o'r hogia fyddai'n mentro i mewn i'r pic-yp, ar eu ffordd i'r seit, a doedd dim bwys gan y rheiny am lanast.

Trodd y pic-yp i mewn i'r stad dai.

'Ma'r car yna wedi bod yn fan'na ers oes, sti.'

'Wedi'i ddympio mae o?'

'Fuodd 'na foi yn ei symud o ar un adeg, ond dwi'm 'di gweld neb ynddo fo ers dwn i'm pryd. A 'di o'm 'di symud rŵan ers wythnosa, a does yna neb i'w weld yn trio gneud dim byd yn ei gylch o.'

"Di o'n dy boeni di?'

Agorodd Eiri'r drws, a chamu allan ar y pafin. Arhosodd am funud. Ie, meddyliodd, Dona oedd yn iawn. I be gythral oedd angen mynd i ffasiwn stad ar gownt car wedi'i barcio yn y lle anghywir?

'Nadi, sti, dim ond meddwl, 'de,' chwarddodd.

'Ga i air efo rhywun i ti. Fedrwn ni'i symud o'n hawdd, mynd â fo i'r sgrap.'

'Na, 'di o'm bwys, sti, fedra i ei sortio fo.'

Gwyliodd Eiri'r pic-yp yn gyrru yn ei flaen, a chododd ei llaw. Byddai'n mynd am gawod sydyn cyn i'r plant gyrraedd adre, ac wedyn mi fyddai'r tri yn mynd lawr at Mazul i gael swper. Roedd yn bryd iddi sadio.

Tegfan

ROEDD NEIL WEDI cael tymor da efo'i flodau, ac roedd y silffoedd roedd Robin wedi eu gosod yn llawn cwpanau a throffis, yn werth eu gweld, meddai ei wraig. Roedd y dyn fel ceiliog dandi, yn mynd dan groen Robin bob yn ail â pheidio, yn dod â'i roséts i'w dangos bob yn un, fel hogyn bach efo cardiau ffwtbol, ac Aneirin yn nodio'n ddoeth bob tro. Ond doedd fiw i Robin fod yn rhy bifish efo Neil, ac yntau angen rhywun i gadw llygad ar ei daid, yn fwy fyth y dyddiau yma gan nad oedd Delyth yn dod heibio dros y gwyliau. Yr unig siawns iddo gael dianc am ychydig oedd pan fyddai Neil neu Heulwen o gwmpas, felly doedd ei deithiau ddim wedi bod yn rhai pell, dim ond crwydro'r mynyddoedd oedd yn cychwyn wrth ei draed.

Doedd ei daid ddim yn symud fawr o'i gadair, ac yn gwneud dim ond pendwmpian. Ers dechrau'r gwyliau roedd Delyth wedi diflannu, wedi peidio â dod, ac er i Robin alw yn y cartref gofal i holi am rywun arall i ddod i gymryd ei lle, doedd fawr o synnwyr i'w gael, gan nad oedden nhw fel petaen nhw'n deall fod neb wedi bod yn dod heibio Aneirin o gwbwl. Aros oedd yr unig beth i'w wneud felly, aros am ofalwr newydd ar ei gyfer, ond doedd yr hen ŵr fawr callach pwy oedd yn mynd a dod o'i gwmpas bob dydd.

Roedd Brenda wedi bod ar y ffôn yn amlach ers ychydig, fel petai hi'n meddwl y dylai gadw mewn cysylltiad, ond heb wneud unrhyw drefniadau i ddod adre chwaith. Roedd Robin wedi ei rhybuddio nad oedd llawer o hwyl ar Aneirin – ei galon yn methu, meddai'r meddyg. Be oedd i'w ddisgwyl, meddai Brenda, gan ddyn o'i oed o, a ph'run bynnag, ella mai dyna fyddai orau i bawb. Wedi rhoi'r ffôn i lawr, byddai Robin yn deall, doedd ei fam ddim yn galon galed – fel arall os rhywbeth – a doedd ganddi ddim dewis wir ond aros i ffwrdd.

Byddai'n mynd weithiau i fyny i'r tŷ yn 7 Ffridd Uchaf, dim ond i weld os oedd popeth yn iawn yno. Doedd o ddim wedi llwyddo i gael neb i'w rentu, ond heb wneud fawr o ymdrech chwaith. Wyddai o ddim yn iawn pam, ond rhywsut roedd cael y tŷ yno, yn wag, pan fyddai arno angen llonydd, yn bwysig. Ac er nad oedd yn ceisio meddwl am hynny, nac yn cyfaddef wrtho'i hun, roedd y llun o Delyth yn cysgu yno, yn belen ar y fainc, yn rhywbeth i'w wneud efo'r penderfyniad. Doedd o ddim wedi ei gweld yno wedyn, ond gwyddai ei bod wedi bod, oherwydd weithiau byddai'r fainc wedi symud – dim ond modfedd neu ddwy. Wedi symud y fainc i'r cysgod o bosib, neu i'r haul efallai, ac yna dro arall roedd desgil fechan wedi ymddangos, ac ym môn y gwrych roedd tun o fwyd cath wedi ei adael, a chyllell i'w gael allan o'r tun. A rhywun wedi bod yn rhoi bwyd allan er mwyn trio cael draenog i'r ardd. Heulwen oedd yn gwneud pethau felly fel arfer. Ond pan oedd Robin wedi sôn wrth Heulwen am y soser, roedd Heulwen wedi nodio. Oedd, roedd hi a Delyth yn treulio aml i noson, pan oedd Craig allan yn rhywle, yn gwylio'r draenog yn snwyrian am fwyd ym môn y gwrych yng ngardd Robin.

'Lle braf ydi o.' Roedd hi wedi troi wedyn, a chraffu arno. 'Ond bydd di'n ofalus, Robin. Mae hi'n fregus, a Duw a ŵyr be fasa'r Craig yna'n neud tasa fo'n gwbod ei bod hi'n cael lloches yn dy ardd di.'

Roedd o wedi teimlo'n flin efo Heulwen y diwrnod hwnnw, fel petai wedi cymell y ferch yno. Ond doedd o wedi gwneud dim ond gadael iddi eistedd ar y fainc yn y cysgod.

Unwaith, roedd wedi gweld Craig yn torri'r lawnt, er nad oedd yna wair i'w dorri, wedi'r sychder, dim ond strimyn o weiriach coch, crin. Twtio cyn mynd i ffwrdd ar eu gwyliau, meddai Heulwen, a doedd Robin ddim wedi cymryd arno ei fod wedi ei weld o gwbwl, a doedd Craig ddim wedi codi ei ben o'i orchwyl.

'Wyt ti o gwmpas ddiwedd y dydd heddiw?' Roedd Heulwen wedi dod heibio, i eistedd am sbel efo'i daid iddo yntau gael mynd i fyny am Ffridd Uchaf.

'Ydw, dach chi am dynnu'r mêl, Heulwen?'

Roedd hi'n amser gwneud hynny eto. Nôl y fframiau o'r rhandir, a'u cario i dŷ Heulwen, byddai'n eu nôl yn y fan heddiw, a'u gosod ar y bwrdd iddi, yn tynnu'r fuddai fêl allan, ac yn gosod popeth yn eu lle yn barod.

'Diolch, Robin.'

Aeth trwodd i wneud paned iddi hi ac Aneirin, a oedd wedi deffro am funud.

'Gwatsia di nhw. Hen dacla ydyn nhw, Robin.'

'Be, Taid?'

'Y gwenyn, 'de.'

Caeodd y drws a gadael Heulwen efo fo i drio dal pen rheswm am ychydig. Cododd ei law ar Neil y tu ôl i'r llenni, a gwenu. Sut groeso gâi hwnnw gan Heulwen tybed? Gadael iddyn nhw oedd orau.

Roedd ei dŷ yn Ffridd Uchaf yn oer braf ar ôl dod i mewn o'r gwres, y llenni wedi eu cau ganddo. Aeth trwy bob stafell yn agor y ffenestri a'r drysau. Lluchiodd y matiau allan. Roedd yna argoel fod y tywydd ar droi, y cloc tywydd yn disgyn, y gwres yn llethol – storm fyddai'n dod i styrbio pethau i ddechrau, ond clirio'r aer wedyn. Dyna oedd y dyn tywydd wedi ei fygwth, ond doedd ei daid ddim fel petai wedi deall hynny neithiwr – arwydd ei fod yn gwaethygu. Roedd ei daid, yr arbenigwr ar y tywydd, wedi gwrando ar bob bwletin a chnocio pob baromedr, wedi studio'r cymylau, y clwstwr gwartheg yng nghornel y cae, wedi cymryd sylw o hedfan y wennol a sgrech gwylanod, wedi gweld fod digon o awyr las i wneud gwasgod, a bod y tes yn gwrthod symud, fod y dail tu chwith allan – pob arwydd tywydd yn sicr ei ganlyniad. Ond doedd Aneirin ddim wedi sylwi heddiw fod y tywydd ar dorri.

Aeth Robin drws nesa i sied Heulwen a thynnu'r fuddai fêl allan, wedyn datglôdd y drws a mynd â'r fuddai i'r gegin. Golchodd hi'n lân a'i gadael yn barod. Yna aeth i nôl papurau newydd i'w taenu yng nghefn y fan yn lle bod y mêl yn gwneud llanast. Gadawodd y drws heb ei gloi, byddai'n nôl y fframiau ac wedyn yn mynd i lawr i Degfan at Heulwen. Byddai'n gofyn i Neil gadw llygad ar Aneirin am awr neu ddwy. Waeth iddo wneud popeth yn barod rŵan ddim – llai o strach i Heulwen yn y pen draw.

Wedi rhoi popeth yn eu lle'n barod, aeth yn ei ôl i'w gartref ei hun i hel y matiau a chau'r ffenestri. Draw am y môr gallai Robin synhwyro fod cymylau duon yn hel, a gallai deimlo'r tyndra, yn hedfan yr adar, yn llonyddwch y gwyrddni blinedig; tawelwch gochelgar, popeth yn aros, yn disgwyl. Trodd i adael.

'Esgusodwch fi.'

Neidiodd. Doedd o ddim wedi ei chlywed yn nesu, heb glywed gwich y giât. Trodd i'w gweld yn sefyll yno ar y llwybr. Gwraig, anghyffredin yr olwg, gwraig o ffwrdd.

'Mae'n ddrwg gen i dorri ar draws, ond dwi'n chwilio am Heulwen, sydd yn byw drws nesaf, ie?'

'Ia, dyna lle mae hi'n byw, ond tydi hi ddim adra.'

Gwelodd y benbleth ar wyneb y ddynes, fel petai'n ofni mai dyna fyddai ei ateb.

'Fydd hi ddim yn hir...'

'Jan ydw i, dwi'n byw yn Llwyn-piod, ac mae'n rhaid i mi weld Heulwen, os gwelwch yn dda.'

'Fedra i helpu?'

Dim ond geiriau. Doedd o ddim wir eisiau helpu hon, roedd ganddo ormod o bobl angen eu helpu fel roedd hi. Roedd eisiau amynedd.

'Na, rhaid i fi siarad efo hi fy hun, mae'n ddrwg gen i.'

Roedd hi wedi deall yr olwg yna ar ei wyneb mae'n rhaid, a dechreuodd symud yn ei hôl am y giât.

'Mae gen i gar.'

'Mi a' i â chi. Dilynwch fi.'

'Na, does dim angen.'

'Mae hi efo fy nhaid i, yn eistedd efo fo. Fedrwn ni ddim ei adael ar ben ei hun.'

Nodiodd Jan, a symud er mwyn i Robin ei harwain allan i'r stryd. Roedd gwraig arall yn eistedd yn y car, nodiodd arni, ond wnaeth hi ddim ymateb, dim ond eistedd â'i dwylo ar ei glin. Aeth Robin i'w fan ac arhosodd nes ei fod yn gallu gweld fod Jan yn ei ddilyn, dim ond dilyn y ffordd o dan y Graig Fain. Byddai wedi bod yn gynt croesi ar hyd y llwybr, ond roedd hyn yn haws, ac yntau eisiau codi'r mêl i Heulwen.

'Mae yna rywun eisiau eich gweld chi.'

Cododd Heulwen a dilyn Robin allan. Roedd Jan wedi dod i'w chyfarfod, ond arhosodd y wraig arall lle'r oedd hi.

'Jan?'

'Fedrwch chi ddod efo fi, Heulwen? Mae gen i ymwelydd.'

Gwyliodd Robin y dair yn cyfarch ei gilydd, a gweld pryder ar wyneb Heulwen, ac aeth i eistedd yng nghefn y car. Fyddai ddim tynnu mêl heddiw felly. Sylwodd Robin ar y car yn ailymddangos draw ar Ffordd y Dyffryn. Byddai'n rhaid mynd yn ei ôl felly i fyny i Ffridd Uchaf i gloi drysau rhif 5, a gadael y gwenyn am heddiw.

'I'll watch him for you, Rob.' Daeth Neil i'r drws, â thystysgrif goch yn ei law.

'Another win? Doing well, Neil. Won't be long.'

Siop gebábs Mazul

ROEDD MAZUL WEDI codi'r arwyddion o'r pafin a dod â nhw i mewn, ac wedi weindio'r canopi streipiog oedd yn cysgodi tu blaen y caffi i'w le, wedi hel y bwrdd a dwy gadair blastig, o'r tu allan a'u gosod yn erbyn y wal. Yna aeth i helpu dynes y siop pethau glan môr, cau a chlymu'r ymbarél a symud y fasged bwced a rhaw, y twr baneri, y melinau gwynt bach simsan, a'r peli i gyd dan do. Roedd y traeth yn gwagio a phawb yn sgrialu am eu ceir cyn y glec gyntaf, a'r awyr yn llwyd-binc od.

Safai Bach a Steff wrth y cownter, yn gwylio'r siop i Mazul, y ddau wedi cael addewid o fagiad o sglodion am eu trafferth. Roedd y ddau'n teimlo'n falch o'u swyddogaeth, yn sythu'r poteli sôs, trefnu'r caniau diod, a nôl chwaneg o gartons yn barod. Dim ond i Mazul.

'You boys done now?'

Y ddau'n aros.

'Diolch, you want chips, or what you have today?'

Y ddau'n gwybod y byddai rhywbeth arall i mewn yn y carton hefyd, darn o gyw iâr neu selsig.

'Diod, ia?'

'Diolch, Mazul. Can we come tomorrow?'

'If your parents say yes. But you ask first, ok? And now you go home before the rain piss down now, see.'

Cydiodd y ddau yn dynn yn eu gwobr, a mynd am wal y prom i'w bwyta, gan fod y gwylanod yn swatio'n barod.

'Ma trana'n gallu lladd ti, ti'n gwbod, Steff.'

Nodiodd Steff, ei geg yn llawn sglodion.

'Mellt.'

'Ia, y storm 'de, neith lladd chdi, sbeshali os gen ti metal ar ti...'

Arhosodd Bach am funud, gan graffu ar ei ffrind ac wedyn ar ei ddillad ei hun.

'Sgen ti ddim metal ar chdi, na? Na fi chwaith. Sa *zip* yn ddigon, sti, peryg dydi, storm? Sa gin ti *zip* sa raid i ni fynd i guddiad, chos fysa'r storm yn llosgi chdi, a sat ti'n sislan fel becyn yn ffraing pan.'

Chwarddodd y ddau, a distewi i orffen eu bwyd, gan wylio'r trai, nes i ddiferion tewion ddisgyn, yn araf i ddechrau ac yna'n gynt a chynt, nes i'r ddau orfod rhedeg am y cwt bysys, y cenlli'n eu dal, yn eu dallu. Y ddau'n rhedeg rhwng y ceir, y glaw'n bowndian oddi ar y metal, y dŵr yn tasgu oddi ar y toeau, yn hel yn y gwterydd, ac yn dechrau setlo ar wyneb y tir lle'r oedd y pridd wedi sychu'n galed.

Daeth sŵn corn car o rywle – dau drawiad blin. Arhosodd y car.

'Tad chdi, Steff. 'Na i weld ti 'ta.'

Ac roedd Bach wedi mynd.

Croesodd Steff y ffordd ac agor drws y car. Roedd y dŵr yn diferu o'i wallt ac o'i ddillad, a'i drenyrs yn soeglyd. Eisteddodd yn y sedd flaen, ei ben yn isel. Gwyddai, yn symudiadau sydyn y car, ei fod mewn trwbwl. Suddodd ymhellach i'r sedd, ei ddillad yn glynu'n annifyr, a'r gwlybaniaeth yn dechrau oeri ar ei groen.

Wedi parcio'r car, brysiodd y bachgen am y tŷ. Roedd

y cesys gwyliau yn dal yn y cyntedd. Doedd ei fam ddim wedi cael cyfle i'w dadbacio felly, mae'n rhaid. Teimlodd yr anesmwythyd yn treiddio – doedd dim byd wedi symud ers iddo sleifio allan o'r tŷ ddechrau'r pnawn pan aeth â'r peth dal goriadau i Bach, yn anrheg iddo. Doedd dim golwg o'i fam. Daeth ei dad i mewn ar ei ôl a hongian y goriadau yn y lle cywir, fel bob amser.

'Ydi dy fam yma?'

'Dwi'm yn gwybod.'

'Delyth!' Bloedd, ac eto, 'Delyth, 'dan ni'n ôl. Delyth!'

Gwyliodd ei dad yn rhuthro o un stafell i'r llall, gan agor a chau drysau, clepian cypyrddau, taro yn erbyn pethau, ei dymer ddrwg yn drybowndian i fyny ac yna yn ôl i lawr y grisiau a thrwodd i'r cefn, allan i'r iard, yn ei ôl at y cotiau, taflu a gwthio pethau o'r ffordd, galw a rhegi. Yna tawelwch. Arhosodd Steff yno yn ei stafell am funud, nes i sgrech y tawelwch fynd yn ormod. Yna agorodd y drws yn ofalus a mentro at y grisiau. Aeth i lawr, ris wrth ris, yn dawel, ei draed noeth yn ysgafn ar y carped. Gwthiodd ddrws y gegin ar agor, a chododd ei dad ei ben yn sydyn. Bron nad oedd Steff am droi yn ei ôl, ond rhewodd. Roedd ei dad yno wrth ei ymyl yn llenwi'r drws.

'Aros yn fama 'nei di, Steff? Fyddi di'n iawn yn byddi? Rhaid i fi fynd, yli.'

Nodiodd Steff, gan symud o un droed noeth i'r llall. Wyddai o ddim beth i'w wneud. Yn sydyn roedd yn oer, a chrynodd. Yna, trodd Craig at y cotiau yn hongian yn y cyntedd, cododd ei gôt dracsiwt, a'i tharo dros ysgwyddau Steff. Gwenodd arno, cyn codi ei oriadau a gadael.

Rhedodd Steff yn ôl i fyny'r grisiau i edrych allan ar y car yn cael ei fagio o'r dreif, a gwyliodd nes iddo droi o stryd Ffridd

Uchaf i'r ffordd fawr. Arhosodd yno'n gwylio'r glaw yn symud dros y dref yn un gynfas lwyd.

Llwyn-piod

ROEDD BET AR ei thraed, yn symud rhwng y dodrefn. Eisteddodd Heulwen ar flaen ei chadair, y gwayw yn ei phen yn curo, 'nôl a blaen, 'nôl a blaen, ac roedd symudiadau'r ddynes yma yn ei wneud yn waeth. Byddai'n siŵr o daro yn erbyn rhywbeth gyda hyn, un o'r cwpanau tylwyth teg a'i choes fain, a'i gyrru'n deilchion ar y crawiau. Roedd Heulwen eisiau gweiddi arni, 'Eisteddwch i lawr, wir Dduw!'

Ond nid dim ond symudiadau'r ddynes oedd yn ei drysu chwaith, ond ei geiriau, y rheswm pam ei bod yma o gwbwl.

Wedi cael ymweliad roedd hi. Ar y dechrau roedd hi wedi amau'r hen ŵr, trempyn, golwg mawr arno, heb folchi na siafio ers dyddiau, doedd hi ddim eisiau dim i'w wneud â fo. Roedd hi wedi gofyn iddo a hoffai iddi alw rhywun, mynd â fo at berthynas neu rywun fyddai'n gallu bod o help, yr heddlu efallai, y gwasanaethau cymdeithasol? Ond roedd wedi edrych mewn dirmyg arni. Doedd ganddo neb, ac nid y fo oedd angen help p'run bynnag. Poeri'r geiriau. Doedd ei neges yn gwneud fawr o synnwyr, ond roedd o'n daer, am iddi wrando, am iddi ddod yma. Fyddai hi ddim wedi cymryd sylw fel arfer, hen ddyn yn mynd trwy'i bethau fel'na, yn mwydro, dim byd gwell i'w wneud, yn gobeithio cael punt neu ddwy i gael ei wared. Nes iddo sôn am Delyth. Eisteddodd Bet.

'Roedd e wedi bod yn ei gwylio, yn gwylio drosti, medde fe.'

'Pam?' Doedd Heulwen ddim yn deall y trywydd.

'Roedd e'n gwbod yr hanes, on'd oedd e?'

'Pa hanes?'

'Y ddamwain. Y ddamwain ffordd.'

Edrychodd Bet ar Jan a Heulwen – doedd ei geiriau'n ddim ond clymau.

'Ata i ddaeth Delyth pan oedd hi'n blentyn bach. Cafodd ei rhieni eu lladd mewn damwain car, rhywle ffordd hyn. Dwi'n credu taw dim ond hi gafodd ei hachub, ond do'dd neb arall... Dyna pam y cymres i hi.'

'Delyth? Delyth Parry?'

'Ie, fi magodd hi, chi'n gweld, ond dwi wedi methu cysylltu â hi ers wthnose. Mae'r rhif sy 'da fi'n marw bob tro fi'n ei drial e, a phan ddaeth y dyn 'ma draw, Wyn oedd ei enw, Wyn Roberts oedd e'n galw ei hunan, wel, feddylies i fod rhwbeth yn bod. Dwi'n gwbod bod e. Roedd y dyn 'ma isie i fi ddod 'ma, ei fod wedi addo i rywun. Doedd ei eirie'n gwneud fawr o synnwyr i fi. Ond roedd e'n daer i mi chwilio amdanoch chi, i ddod fan hyn. Roedd e'n dweud drosodd a throsodd fod Delyth mewn perygl. Dwi'n meddwl ei fod e'n dweud y gwir, ma Delyth wastod wedi cysylltu. Dyw pethe ddim yn iawn. Ddes i draw nithwr a mynd heibio'r tŷ bore 'ma, ond dim ond Craig oedd yno, dweud bod Delyth mas yn rhwle, ond fedre fe ddim dweud lle, newydd ddod adre o'u gwylie, medde fe, ac angen gwneud ambell beth. Roedden nhw'n brysur...'

'Ydyn, maen nhw'n ôl o'u gwylia. Mae'r car yn ôl, beth bynnag, er na weles i 'run ohonyn nhw.'

Roedd Heulwen ar flaen ei chadair.

'Es i lawr i'r dre, rownd y siope i gyd, ond doedd dim golwg ohoni. Wyddwn i ddim lle i ddechre chwilio, a Steff, doedd dim golwg ohono fe chwaith. Es i'n ôl i'r tŷ, ond doedd hi byth gartre, medde Craig. 'Sen i ond wedi dweud 'mod i'n dod, fydde fe wedi neud yn siŵr ei bod hi gartre ond gan 'mod i jyst wedi landio fel'na arnyn nhw... roedd e'n pallu 'ngadel i mewn. Ond doedd dim smic yna. Roedd y tŷ yn dawel, yn od o dawel.'

Eisteddai Jan yn yr hanner cysgod, ei bysedd yn plycio defnydd y sgert hir oedd amdani. Y tu allan roedd y glaw yn arllwys, yn peltio ar do sinc y cefn. Byddai'n mwynhau clywed sŵn glaw ysgafn yn titrwm ar sinc y to, ond nid fel hyn, yn colbio i lawr, fel petai am ddymchwel y to a'r waliau a phob dim, eu sgubo i lawr y llethr, creu ceunant newydd nes na fyddai dim ar ôl ond craith fudur o laid ar y tir.

'Roedd e'n dweud y gwir, yn doedd e? Y dyn yna – ma rhywbeth yn bod.'

Eisteddodd Heulwen yn ei hôl ar y gadair. Roedd y boen yn ei phen yn waeth, a'r waliau'n bygwth cau amdani. Roedd arni angen dŵr, awyr iach, dŵr dros ei hwyneb, dŵr y môr i sgubo drosti. Fedrai ei meddwl ddim gwneud synnwyr o bethau, roedd rhaid iddi godi, symud, dod o hyd i'r hogan. Beth oedd arni'n eistedd yn ôl yn fan yma? Roedd hi angen dŵr, angen awyr iach, angen teimlo'r glaw ar ei chroen. Cododd.

'Rhaid i ni fynd.'

Gwisgodd Jan ei chôt ac aeth am y car.

11 Ffridd Uchaf

WYDDAI STEFF DDIM ble'r oedd neb. Roedd y tŷ yn hollol ddistaw. O'i lofft roedd wedi gwylio'r storm, y dreigiau draw am y môr a'r gwynt yn stumio brigau'r coed, yn troi eu breichiau nes i ambell un roi clec a methu dal. Roedd wedi gwylio'r teledu bach am sbel, wedi troi'r sŵn i fyny'n uchel i geisio cuddio'r twrw y tu allan, ond wedi i'r trydan wincio am ychydig, diffoddodd y teledu. Doedd dim ar ôl i'w wneud ond aros.

Roedd wedi sylweddoli'n sydyn ei fod yn llwglyd. Doedd o ddim wedi bwyta ers oriau, ddim ers y sglodion gawson nhw gan Mazul. Agorodd ddrws ei lofft yn dawel, a chamu allan i'r landing, dim ond sŵn y glaw ar ffenestr y to. Popeth o fewn y tŷ yn llonydd, a phopeth y tu allan yn wallgo. Rhyfedd, meddyliodd, sut roedd pethau'n gallu newid mor sydyn, mor wahanol oedd pethau pan sleifiodd allan y bore hwnnw, pan oedd popeth yn dawel y tu allan, a'r rhyferthwy rhwng y muriau.

Yn y gegin chwiliodd trwy'r cypyrddau, dim bara, dim yn yr oergell – doedden nhw ddim wedi cael cyfle i siopa eto. Cododd baced o greision a gwydraid o ddŵr ac aeth yn ei ôl i'w lofft. Eisteddodd ar ei wely, a blas y creision yn dechrau troi arno. Ble oedd ei fam? Aeth yn ei ôl i lawr y grisiau eto. Doedd goriadau'r car ddim yno o hyd, rhag ofn ei fod wedi pendwmpian a bod ei dad yn ei ôl. Aeth i'r stafell ffrynt i edrych a welai olau ar y stryd, ond doedd dim golwg o neb rhwng y rhesi tai, dim golau i lawr yn y dref chwaith na goleuadau ceir yn symud.

Arhosodd am funud yn y cyntedd. A ddylai fynd allan a galw? Ond fyddai ei fam byth yn ei glywed dros sŵn y cenlli, byddai'n rhaid iddi fod yn yr ardd, ond gwyddai nad oedd hi'n fan'no. Ond roedd un lle y medrai edrych – ei chyfrinach hi, wyddai hi ddim ei fod yn gwybod am fan'no. Dim ond wedi digwydd ei gweld roedd o, rhyw noson, pan oedd pethau wedi bod yn ddrwg, a hithau wedi rhedeg o'r tŷ a diflannu. Dim ond digwydd gweld ei chysgod yn llithro trwy'r giât fach gyferbyn roedd o. Roedd hi wedi bod yn ofalus, wedi gwylio'i chamau, yn gwybod bod ei dad wedi aros yn y gegin. Dim ond Steff welodd hi'n mynd wrth iddo ruthro i ffenestr y llofft pan glywodd y drws yn rhoi clep.

Rhoddodd ei gôt amdano a chwilio trwy'r drôr am y dortsh. Mentrodd allan, y gwynt yn cipio ymylon ei gôt yn syth. Arhosodd am eiliad o dan do'r portsh. Oedd o'n gwneud peth call? Beth petai un o'r coed yn disgyn? Roedden nhw'n chwyrlïo'n wallgo a hwythau'n llawn dail – digon o afael i'r gwynt. Croesodd y ffordd at y tai gyferbyn, ac i lawr yr allt. Agorodd y giat yn rhif 7 a mynd trwyddi. Roedd golwg ar bethau – caead y bìn ar y llwybr a bagiau glo, brigau ac ambell lechen ar lawr, dail a phetalau'r rhosod yn sypiau. Dilynodd y llwybr at y drws. Roedd mainc yno, a choeden gelyn wedi ei llyncu bron, y fainc o'r golwg yn ei chrombil.

Doedd hi ddim yno. Wrth gwrs na fyddai hi, fyddai hi ddim wedi aros allan yn y fath dywydd. Roedd hynny'n beth da, pendronodd. Fyddai ddim wedi synnu ei gweld yno'n ddelw. Roedd y diferion yn treiddio trwy neilon tenau'r gôt, yn diferu i lawr ei gefn. Waeth iddo fynd yn ei ôl adre. Efallai y deuai ei dad o rywle cyn bo hir. Yna sylwodd ar symudiad bach trwy wydr y drws. Cymerodd gam yn ôl. Doedd o ddim i fod yma wrth gwrs. Tŷ Robin y gofalwr oedd hwn, a ddylai o ddim bod yma'n busnesu, ond roedd rhywbeth wedi symud. Aeth yn nes, cododd ei law i gnocio, rhoi ei law ar y dwrn a throi. Oddi mewn roedd rhywun yn symud yn sydyn, yn ceisio cuddio.

'Mam?'

'Steff?'

Gwthiodd y drws ac aeth trwyddo. Roedd hi yno, yn hanner cuddio yn y gwyll, ei llygaid yn fawr a gwyllt. Aeth ati, a gafael ynddi.

'Fyddi di'n ocê rŵan, yli. Dwi yma, Mam.'

Ffordd y Dyffryn

DOEDD DIM BYD ar y car, dim olion, dim sgriffiad o gwbwl. Roedd y drws ar glo, ond roedd wedi ei adael ar ganol y ffordd, mewn lle gwirion, meddai gweithwyr y Cyngor y bore wedyn, yn union heibio'r tro fel yna, fe allai unrhyw un fod wedi dod ar wib ac yn syth iddo. Efallai i rywun ei adael yno, gan feddwl y byddai'n saffach cerdded weddill y ffordd, gan fod y ffosydd wedi gorlenwi a gorlifo i ganol y lôn mewn sawl man.

Yma ac acw roedd graean ac ambell garreg wedi eu hyrddio, y ffriddoedd wedi chwydu cynnwys eu nentydd ar hyd y ffordd, ac ymhellach i lawr roedd y tir wedi llithro, wedi gorchuddio'r tarmac i gyd fel nad oedd posib i'r un car symud ymlaen nac yn ôl.

I lawr ar y gwaelodion fedrai pobl ddim dweud lle'r oedd glannau'r afon. Doedd dim ond dŵr, y dolydd a'r caeau wedi eu boddi, y clawdd llanw'n llinell ddiwerth rhwng dau lif, ambell ddafad yn sefyll yn hurt ar dwmpath o dir, a dim o'u cwmpas ond llyn, yn methu â deall sut y cyrhaeddodd y fan honno. Yn y maes parcio, roedd dau gar wedi eu gadael a dim ond eu toeau yn y golwg.

Mentrodd ambell un allan o'u tai yn betrus, un neu ddau wedi bod wrthi'n y nos yn glanhau, ar ôl i'r gwaethaf basio. Codi carpedi a'u llusgo i ben drysau, dodrefn allan ar y patsh, darnau o hanes byw yn amlwg i bawb eu gweld yn staeniau a sgriffiadau, peiriant golchi a rhewgell, bwrdd cegin a chadair babi. Ar ben y wal, fframiau lluniau a'r dŵr wedi gwanio lliwiau'r ffotograff, gweu rhywun, cotiau ac esgidiau, pram a chwningen las unllygeidiog yn gwylio'r gwylanod yn troelli. Faniau'r Cyngor a'u sachau tywod, dim byd i'w wneud ond trio achub rhywbeth o'r llanast, bwcedi'n cael eu gwagio, mop ym mhob llaw.

Ond ar y tro, ar Ffordd y Dyffryn, roedd y car yn aros. Heb ei berchennog.

Yn 11 Ffridd Uchaf roedd Delyth wedi deffro'n sydyn. Am funud fedrai hi ddim dirnad lle'r oedd hi, ond yna deallodd. Roedd hi wedi cysgu ar y soffa, Steff ar y llawr wrth ei hymyl, y ddau wedi aros am yn hir i wrando am sŵn y car yn dod yn ôl. Ond rhywbryd cyn y wawr roedd Delyth wedi cysgu'n anesmwyth. Doedd hi ddim wedi clywed y car yn dychwelyd, neu efallai iddi gysgu'n drymach nag arfer.

Cododd yn ofalus, a chamu dros Steff. Aeth allan i'r cyntedd. Doedd y goriadau ddim yno. Aeth trwodd i'r gegin i wneud paned ond roedd y trydan yn dal i ffwrdd, a doedd dim llaeth beth bynnag.

Cysidrodd am funud. Byddai'n rhaid iddi ddweud wrth rywun fod Craig wedi bod i ffwrdd ers ddoe, ond doedd dim ffordd o gysylltu efo neb. Roedd Craig wedi mynd â'i ffôn hi ers oes, wedi addo rhoi arian ynddi, a doedd y car ddim yno. Clywodd synau'r stryd yn dechrau deffro y tu allan, ambell gar yn dod heibio, ac yna'n pasio ar y ffordd i lawr am y dref. Ond gallai weld olion y storm i lawr yn y gwaelodion. Mae'n debyg na fyddai'r ceir yn mynd ymhell. Dyna lle'r oedd Craig felly, mae'n rhaid, yn methu dod â'r car adre, ac wedi gorfod cysgu yn y car yn rhywle. Fe fyddai adre rywsut cyn hir felly. Gwell fyddai iddi fynd i gael cawod, newid, cribo ei gwallt, cael trefn arni hi ei hun. Ond doedd dim trydan. Cofiodd yn sydyn am ei chuddfan neithiwr. Roedd hi a Steff wedi cloi drws y tŷ a chuddio'r goriad yn ei ôl o dan y fainc – fyddai Robin ddim callach iddi fod yno.

Aeth trwodd i'r gegin, a daeth Steff ati, yn rhwbio'r cwsg o'i lygaid. Edrychai mor ifanc. Daeth ton o euogrwydd drosti. Roedd yn rhaid iddi wneud rhywbeth, symud yn ei blaen, er mwyn ei mab, i gael y nerth i godi pac eto, Steff a hithau. Roedd o'n rhy ifanc i orfod wynebu hyn. Gwyddai fod ei breuder hi'n ei wneud yntau'n oedolyn a chyfrifoldeb ganddo cyn iddo fedru bod yn llanc.

Estynnodd am baced o fisgedi o'r cwpwrdd, ac edrychodd yn y rhewgell. Roedd twb o hufen iâ yno, yn dechrau dadmer.

'Bisget 'ta hufen iâ?' gwenodd, a daeth yntau i eistedd gyferbyn â hi.

'Neis 'de, hufen iâ i frecwast – gwahanol.'

'Dwi rioed wedi cael hufen iâ i frecwast o blaen.'

'Naddo.'

Gwenodd arno, a'i dynnu ati. Aeth yntau i eistedd gyferbyn, y bowlen hufen iâ o'i flaen.

'Iach!' chwarddodd.

Beth ddaeth drosti yn gadael hwn ar ei ben ei hun a hithau'n dywydd mor arw? Fe ddylai fod wedi mynd yn ei hôl i'r tŷ ato, nid cuddio fel yna a'i adael i wynebu popeth ei hun.

'Diolch am ddod i chwilio amdana i neithiwr, Steff, a sori am guddio fel'na.'

'Oeddet ti'n meddwl fod Dad adre? Doedd hi ddim yn saff i ti, Mam.'

Yn sydyn, ymestynnodd ar draws y bwrdd ac estyn ei llaw, gafaelodd ynddi a'i gwasgu.

'Be 'nawn ni?' gofynnodd Steff. 'Oes rhaid inni aros?'

Oedodd Delyth am funud, dim ond lle i fynd oedd arni angen. Gallai fod yn gryf, gallen nhw fynd, y ddau ohonyn nhw, doedd dim rhaid iddyn nhw aros. Daeth sŵn curo ar y drws, cnoc ysgafn i ddechrau ac yna'n uwch.

Oedodd Delyth, yna codi'n araf. Sythodd.

'Paid, Mam.' Roedd yn blentyn eto, dim ond bachgen deuddeg oed.

'Dwi'n iawn, Steff, mi fyddwn ni'n iawn.'

Agorodd Delyth y drws yn sydyn. Bet oedd yno.

Tegfan

'No, THERE'S NO trace of him, complete mystery. The lad from the council said he must 'ave got out of his car and lost 'is footing or something. The river gets going down there...'

'Lle?'

'Ar dro'r Dyffryn, Taid.'

'Hen dro peryg, neno'r tad. Dwi 'di deud digon am y ffordd yna, yn do?'

'Do, Taid, tywydd oedd hi, yndê. Rhaid ei fod o wedi gweld bod y ffordd wedi cau ac wedi meddwl cerddad yn ei flaen.'

'Pwy?'

'Y boi sy ar goll 'de.'

'Pwy sy ar goll?'

'The sports teacher – Craig Parry. You know 'im, Aneirin?'

'No.'

Roedd straeon yn dew ar hyd y dref, fel y bydd ar ôl unrhyw ddigwyddiad. Ond fu dim digwyddiad, heblaw mymryn o law, yn ôl Aneirin.

'Dim ond mymryn o law fuodd, sti.'

'Ia, Taid, dim ond i'r mymryn glaw chwalu'r clawdd llanw, yndê. Glaw a llanw uchal.'

'There's no rush, Rob, but if you can do it before the school re-opens.'

'Be sy?'

'Y sied sy 'di mynd i ffwrdd efo'r gwynt Taid, sied Neil.'

Aeth Neil adre i geisio clirio rhywfaint ar y llanast, a rhoddodd Aneirin chwerthiniad fechan.

'Dwn i'm be mae o'n mynd i ffasiwn draffarth, sti. Dim ond bloda sy gynno fo ynddi.'

'Fyddwch chi'n iawn pnawn 'ma, Taid?'

'Bydda, mi ddaw Brenda toc. Mi fydd hi adra erbyn amser te, ddeudodd hi gynna ar ffôn.'

'Be, ydi Mam wedi ffonio?'

'Do, ar ei ffordd adra, am godi chips i ni.'

Cododd Robin ei gôt oddi ar gefn y gadair, a chlirio'r bwrdd.

'Gad y sôs, 'nei di?'

Ysgydwodd ei ben – roedd ei daid wedi bod yn dda yn ddiweddar.

'Dwi angen mynd i helpu Heulwen efo'r gwenyn. Ma hi am dynnu mêl heddiw.'

'Gneud trafferth i ti mae hi, yndê.'

Gwenodd Robin. Yr un hen diwn gron, meddyliodd.

Ond roedd yn well iddo fynd i fyny i Ffridd Uchaf.

Roedd plismyn wedi eu gweld yn rhif 11, meddai Neil, ond dim ond i holi hynt Craig, pryd welwyd o ddiwethaf, gan bwy, ac ymhle. Roedd rhywun yno'n cadw cwmni i'w wraig, Delyth, a'r mab, druan ohonyn nhw – Bet, gwraig mewn tipyn o oed. A doedd Heulwen ddim ymhell wrth gwrs. Roedd stad y diawl ar Delyth Parry, meddai rhai.

Ac yn ôl yfwyr y Bedol, roedd gyrrwr arall wedi pasio tro'r Dyffryn noson y glaw, tua'r un adeg, ac wedi gweld Craig yn stopio ac yn dod allan o'r car. Roedd o wedi croesi at rywun, rhywun yn ei gwman – hen ŵr ar ochr y ffordd. Hen ŵr digon di-raen, golwg arno fo, ac i beth fyddai hen ŵr allan ar dro'r Dyffryn yn y fath dywydd? Ond wrth gael ei holi, fedrai'r tyst ddim bod yn siŵr fod neb yno chwaith, efallai mai cysgod rhywbeth a welodd o. Fedrai o ddim dweud yn iawn beth oedd yno, roedd cymaint o ddail a brigau ar hyd y lle. Wedi meddwl, mae'n siŵr mai ei lygaid oedd yn chwarae triciau arno, ac mai dim ond Craig Parry welodd o. Y tywydd a'r siapiau oedd yn cael eu creu gan olau'r car, a'r holl law a gwynt a niwl yn chwipio oedd wedi creu drychiolaethau ar y noson, ac yntau ar ffasiwn frys i gyrraedd adre at ei deulu.

Oedd wrth gwrs, roedd y tyst yn difaru bellach na stopiodd i wneud yn siŵr fod yr athro chwaraeon yn iawn, ond fel yna mae pethau weithiau, efallai y bydden nhw'n chwilio am ddau gorff, petai yntau wedi stopio. Ond roedd pawb yn gytûn, fe fyddai Craig Parry'r athro chwaraeon wedi stopio i helpu hen ŵr fyddai'n aros ar ochr y ffordd. Dyn cymwynasgar felly oedd o, a byddai'r ffasiwn golled ar ei ôl.

5 Ffridd Uchaf

CARIODD ROBIN YR olaf o'r fframiau mêl i'r tŷ. Roedd popeth yn barod, a Heulwen wedi gosod popeth yn eu lle fel arfer, y fuddai fêl ar ganol y llawr, a'r tanc setlo wedyn yn barod i dderbyn y mêl. Dim ond ambell wenynen yn ceisio dilyn yr hylif aur, a naws yr ha' i'r gegin, yn rhincian o amgylch ei ben, ond doedd hynny ddim yn boen arno, roedd gan y wenynen hawl bod yn bifish. Roedd blwyddyn gyfan wedi mynd heibio, a dyna fo'n gwneud yr un hen beth eto flwyddyn yma, meddwl yr un peth, gwneud yr un peth, dweud yr un peth. Edrychodd ar gegin Heulwen, gallai fod yn ei ôl flwyddyn, roedd popeth yn union yr un fath. Y gegin yn boeth, y ffenestri wedi cau a'r stof yn uchel, y sosban yn ei lle, a'r cyllyll yn barod i dorri'r capins – y cŵyr oedd yn cau'r celloedd lle'r oedd y mêl wedi ei gadw. Taclus oedden nhw, y gwenyn, yn cau eu storfa ar eu holau, yn paratoi am dywydd garw'r gaea', yn gwneud yn siŵr y byddai'r tylwyth wedi eu digoni ac yn goroesi. Ond weithiau byddai Robin yn amau'r drefn oedd gan y gwenyn hefyd, er na fyddai byth yn cyfaddef hynny wrth Heulwen.

Gwenodd Heulwen ei diolch. Roedd golwg fodlon arni, golwg ysgafnach rywsut, meddyliodd Robin, ac roedd Jan yno efo hi, y ddwy yn eu ffedogau yn barod am waith. Roedd y ddwy wedi closio, wedi dod i ddeall ei gilydd, fel petai presenoldeb Wyn yn gyswllt rhyngddyn nhw. Ond doedd yr un ohonyn nhw wedi gweld na chlywed dim ganddo wedyn.

Roedd Wyn wedi gwneud ei ddyletswydd, mae'n debyg, wedi darganfod lle'r oedd Delyth, ac wedi ei dilyn i Lan Morfa. A fu'n gwylio drosti? Wydden nhw ddim. Fedrai Heulwen a Jan ddim penderfynu a oedd unrhyw gyswllt rhyngddo a diflaniad Craig. Er i'r ddwy drafod y peth am oriau, doedden nhw ddim yn credu mewn rhithweledigaethau. Dim ond damwain oedd diflaniad Craig. Ond roedd y ddwy yn gytûn fod Delyth a Steff yn well eu byd, a bod Bet wedi mynd yn ei hôl adref yn fodlon.

'Fyddwch chi'n iawn rŵan, Heulwen?' Doedd o ddim am darfu. Fe allai adael a hithau â chwmni rhywun arall i helpu. Fyddai'r gwaith rŵan ddim yn drwm, nes byddai angen codi'r fuddai i'w gwagio.

Aeth trwodd i gefn ei gartref ei hun ac i godi'r goriad o dan y fainc. Gallai weld yn syth fod rhywun wedi bod yno, dim byd o'i le chwaith, y blanced wedi ei gadael ar gefn y gadair freichiau a'r llenni wedi eu cau, yn union fel arfer. Ond gwyddai ei bod hi wedi bod yno. Tybed ai yno y bu hi tra oedd ei gŵr yn chwilio amdani ar hyd Ffordd y Dyffryn? Doedd dim gwahaniaeth, beth bynnag, ond fe wyddai fod ganddi reswm da. Doedd hi ddim am fod adre.

Rhyfedd fel roedd diwrnod o law yn newid hen dŷ fel hyn, meddyliodd. Roedd teimlad tamp, llaith trwy'r lle, fel petai'r niwl wedi ymdreiddio trwy'r muriau, o dan y matiau, yn codi o'r lloriau. Aeth ati i wneud tân i dynnu'r gwynt trwy'r tŷ. Yna sylwodd ar ei sach gefn yn pwyso yn erbyn y pared. Cododd hi a meddwl mynd i'w chadw yn y twll dan grisiau. Doedd dim gobaith cael mynd i ffwrdd rŵan, a'i daid fel roedd o.

Ond daeth sŵn o'r drws cefn, gadawodd y sach ar y llawr, ac aeth i'w agor.

'Dim ond isie dod i ddiolch i ti.'

Safai Delyth yno ar y rhiniog, yn eiddilyn fechan, ei llygaid tywyll yn annaturiol o fawr yn llenwi'r wyneb gwelw, ei chroen heb wawr o liw. Daeth i mewn ac eistedd ar y stôl wrth y tân, ei dwylo'n ymestyn am y fflamau. Daeth llun i feddwl Robin o stori oedd ganddo pan oedd yn blentyn yn yr ysgol fach, llun tylwythen neu ellyll, neu greadur arallfydol, heb fod yn arbennig o osgeiddig na hardd, ac eto, creadur oedd â hud o'i amgylch, rhywun nad oedd o'r byd hwn.

'Sori, sgen i ddim byd i gynnig i ti, paned na dim.'

'Dim ond llonydd oeddwn i isie.' Pwyntiodd at y sach. 'Wyt ti'n gadel?'

'Na, dim rŵan beth bynnag, ond dyna'r freuddwyd.'

Oedd yna arlliw o wên? Ychydig o ysgafnder, rhyddhad, wedi llacio'r tyndra ynddi? Cododd Robin y sach a'i chario at y twll dan grisiau.

'Mae Taid yma, tydi? Fedra i ddim mynd â'i adael o, mae yna ormod o bobl wedi gneud hynny'n barod, nid bod bai arnyn nhw cofia. Dydi o erioed wedi bod yr hawsa.'

Cododd Delyth i adael.

'Be amdanoch chi – Steff a titha? Ydach chi'n aros? Ydach chi'n iawn?'

'Ni'n iawn, hollol iawn.'

Y Bedol

'**G**EST TI DDIAWL o sioc ma'n siŵr, Rob.'

Mel oedd wedi nôl y peintiau, ac roedd Bleddyn yno, yn ei ddillad gwaith.

'Do braidd, gweld y ddwy yn cerdded mewn fel'na.'

'Na'thon nhw ddim ffonio i ddeud eu bod nhw'n dod na dim?'

'Duw a ŵyr. Mi ddeudodd Taid bod Mam ar ei ffordd adra a'i bod hi am ddod â chips efo hi, ond 'nes i ddim ei gymryd o o ddifri, naddo, dydi o'n deud petha felly o hyd, tydi? Ond pan ddaeth Nain i mewn efo'i chês, doedd o ddim fel tasa fo'n deall ei bod hi wedi bod i ffwrdd o gwbwl. Diawl o beth, dros flwyddyn yn Benidorm, a ma Taid yn meddwl mai wedi bod yn cantîn yr ysgol yn gneud bwyd buodd hi... Gofyn iddi be oedd i swpar! 'Swn i wedi troi'n ôl yn drws.'

Chwarddodd y tri, a thawelu, y cwrw'n eu llonyddu.

'Er, mi ddeudodd wrth Neil, "Magwen came home today."'

Roedden nhw i gyd wedi eistedd i lawr efo'i gilydd yn Nhegfan – Robin a'i daid, a Brenda a Magwen efo nhw. Fel tasan nhw heb fod i ffwrdd o gwbwl, dim ond wedi bod yn cuddio yn y llofft ers misoedd, meddyliodd Robin.

'Ti 'di medru mynd yn dy ôl adra i Ffridd Ucha felly, Rob?'

Roedd syched ar Bleddyn, a'r gwaith ar Ffordd y Dyffryn yn brysur newid y tir, a'r creigiau wedi eu saethu er mwyn medru newid ystum y tro.

'Do, arglw', dwi'n falch o gael mynd 'nôl adra i nhŷ fy hun, sti. Ges i chips efo nhw 'de, a chael chydig o'r hanes. Mam yn edrych yn dda, a Nain sa'n dod i hynny, ond bod ganddi apwyntiad sbyty neu rwbath, a dyna pam ei bod hi wedi dod adra am sbel, ac mi roedd y caffi lle'r oedd Mam yn gweithio yn cau, ne rwbath felly. Taid druan, does ryfadd ei fod o wedi ffwndro. Diawl o beth, sti, pan mae dy wraig di'n ei hel hi am Benidorm a dy adael di, pan ti dros dy bedwar ugian. O'dd o'n deimlad da 'fyd, i gau'r drws arnyn nhw.'

''Nest ti'n dda, Robin.'

Cododd Bleddyn, ac aeth am y bar, lle'r oedd Eiri'n paratoi i orffen ei shifft. Gwyliodd Mel nhw'n sgwrsio.

'Pethau'n newid ar hyd y lle 'ma.'

'Ydyn.'

Trodd ei sylw yn ôl at Robin, 'Neith Brenda a dy nain aros am sbel?'

'Gawn ni weld, ia? Tan troith y tywydd, neu tan eith yr hen ddyn yn ormod iddyn nhw eto. Ond gobeithio arhosan nhw am fis neu ddau be bynnag. Dwi awydd mynd i ffwrdd am chydig.'

'Ia, ti wedi meddwl cael mynd do, ers oes. Lle'r ei di?'

'Dwn i'm, sti, jyst dilyn fy nhrwyn, dim ond am fis neu ddau.'

'Hy, unwaith ei di, ddoi di ddim 'nôl, Rob, ond pob lwc i ti be bynnag.'

O'r bar gwyliodd Eiri a Bleddyn Robin yn croesi'r stafell, a'r drws yn cau ar ei ôl.

'Geith fynd rŵan,' meddai Eiri, ac aeth trwodd i'r cefn i nôl ei chôt a'i bag.

'Ceith, yn Duw, ond yn ei ôl ddaw o yn diwadd, gei di weld.'

'Ia, mwn, pan ddalltith o mae'r un fath ydi hi yn lle bynnag yr ei di.'

Arhosodd Bleddyn wrth y bar amdani. Roedd o'n digwydd bod yn pasio Maes y Gerddi ar ei ffordd adre.

'Dwi am fynd i fyny i'r topia 'na fory i chwilio am olion yr awyren Lancaster yna syrthiodd, sti. Ti awydd dŵad am dro, Eiri?'

Yn ei gornel wrth y ffenestr, syllodd Mel i mewn i dop ei beint. Roedd hi'n gallu bod yn ddiflas o dawel yn y Bedol ar ddiwedd ha' fel hyn.

Hefyd gan yr awdur:

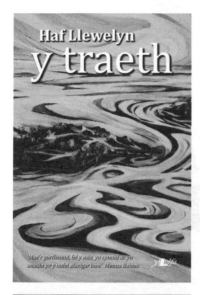

£8.99

£6.95

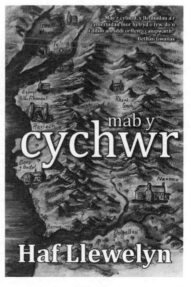

£7.95

Holwch am bris argraffu!
www.ylolfa.com